REINHARD KLEIST

# BERLINER
# MYTHEN

**10** ✈ FLUGHAFEN TEGEL

SAATWINKLER DAMM

HECKERDAMM

VOLKSPARK REHBERGE

SEESTR. **WEDDING**

**MOABIT**

STROMSTR.

PERLEBERGER STR.

TURMSTR. **HAUPTBAHNHOF**

ALT-MOABIT

DB

SPREE

BELLEVUE ⓢ

**SIEGESSÄULE**

STRASSE DES 17. JUNI

GROSSER STERN

STRASSE DES 17. JUNI

STRASSE DES 17. JUNI **TIERGARTEN**

TIERGARTENSTR.

**3** ZOO **TIERGARTEN**

ⓢ ZOOLOGISCHER GARTEN

**1** KAISER-WILHELM-GEDÄCHTNISKIRCHE

**14**

KURFÜRSTEN-DAMM

**11** KURFÜRSTENSTR.

**13**

POTSDAMER STR.

BUNDESALLEE

**SCHÖNEBERG**

MARTIN-LUTHER-STR.

**7**

HAUPTSTR.

**FRIEDENAU**

# Schauplätze der Berliner Mythen 1

### DER FALL ELISABETH KUSIAN

1 Kantstraße 154a *Elisabeth Kusians Wohnung, Tatort der Morde*

2 Borsigstraße 4 *Fundort von Leichenteilen des ersten Opfers von Elisabeth Kusian*

3 Am Bahnhof Zoo *Fundort von Leichenteilen des ersten Opfers von Elisabeth Kusian*

4 Karl-Liebknecht-Straße / Ecke Memhardstraße *Fundort der Leichenteile von Elisabeth Kusians zweitem Opfer*

### DER SCHAFSKOPF

5 Alexanderstraße 45 *Bis 1927 Standort des Hauses mit den 99 Schafsköpfen*

6 Am Köllnischen Park 5 *Märkisches Museum, hier sind sieben der Schafsköpfe aus der Fassade zu sehen*

### BOWIE IN BERLIN

7 Hauptstraße 155 *Ehemalige Adresse von David Bowie und Iggy Pop*

8 Köthener Straße 38 *Im Hansa Studio nahm David Bowie u. a. das Album „Heroes" auf*

### ONKEL WACKELFLÜGEL

9 Tempelhofer Damm 1–7 *Ehemaliger Flughafen Tempelhof*

### DER HAUPTSTADTFLUGHAFEN

10 Flughafen Tegel *Der Hauptstadtflughafen*

### DAS GANZ GROSSE DING

11 Tauentzienstraße 21–24 *Kaufhaus des Westens*

### DIE FLUCHT

12 Heinrich-Heine-Straße, südliches Ende *Ehemaliger Grenzübergang zwischen West- und Ostberlin*

### DAS BESTICKTE KISSEN

13 Kurfürstenstraße 58 *Ehemals Wohnhaus der Schauspielerin Henny Porten, heute Café Einstein*

### ANASTASIA

14 Bendlerbrücke, ehemals Von-der-Heydt-Brücke (Stauffenbergstraße / Kluckstraße) *Hier stürzte sich Franziska „Anastasia" Schanzkowsky 1920 in den Landwehrkanal*

### RUKELI

15 Bergmannstraße 28 *Boxcamp Johann Trollmann*

OSLOER STR.

PANKOW

BORNHOLMER STR.

WISBYERSTR.

WEISSENSEE

OSTSEESTR.

MAX-SCHMELING-
HALLE

SCHÖNHAUSER ALLEE

BERNAUER STR.

PRENZLAUER ALLEE

GREIFSWALDER STR.

PRENZLAUER
BERG

VOLKSPARK
FRIEDRICHSHAIN

②

TORSTR.

HARITÉ

ORANIENBURGER STR.

FRIEDRICHSTR.

④

ALEXANDERPLATZ

FRIEDRICHSHAIN

S

FRIEDRICHSTR.

DOM

FERNSEHTURM

⑤

KARL-MARX-ALLEE

EICHSTAG

UNTER DEN LINDEN

MITTE

BERLINER
RATHAUS

⑥

OSTBAHNHOF

ARISER
PLATZ

DENBURGER
TOR

GENDARMEN-
MARKT

KÖPENICKER STR.

SPREE

WARSCHAUER STR.

S

GDAMER
ATZ

LEIPZIGER STR.

LINDENSTR.

⑫

WILHELMSTR.

FRIEDRICHSTR.

ORANIENSTR.

STRALAUER ALLEE

STRESEMANNSTR.

KREUZBERG

OBERBAUMBRÜCKE

SCHLESISCHE STR.

GITSCHINER STR.

LANDWEHRKANAL

GNEISENAUSTR.

KTORIA-PARK
KREUZBERG

⑮

HASENHEIDE

HERMANN-
PLATZ

UDENSTR.

VOLKSPARK
HASENHEIDE

HERMANNSTR.

KARL-MARX-STR.

SONNENALLEE

⑨

TEMPELHOFER FELD

NEUKÖLLN

ALIDENSTR.

N
O
W
S

CARLSEN COMICS NEWS
Jeden Monat neu per E-Mail!
www.carlsencomics.de · www.carlsen.de

Carlsen-Bücher gibt es überall im Buchhandel und auf carlsen.de

Die Berliner Mythen wurden von 2013 bis 2015 im Berliner Stadtmagazin *zitty* vorveröffentlicht.

© Carlsen Verlag GmbH · Hamburg 2016
ORIGINALAUSGABE
Copyright © für die begleitenden Texte: Lutz Göllner · 2016
Redaktion: Michael Groenewald
Lettering: Minou Zaribaf
Gestaltung Cover: Thomas Gilke
Gestaltung der Stadtpläne: Peter Palm, Berlin
Herstellung: Bettina Oguamanam
Druck und buchbinderische Verarbeitung: Livonia Print, Riga
Alle Rechte vorbehalten
ISBN 978-3-551-72815-9
Printed in Latvia

# REINHARD KLEIST

# BERLINER
# MYTHEN

Nach einer Idee
von Michael Groenewald
und Lutz Göllner

# Im Jroßen und Janzen…

„Wenn die Legende zur Wahrheit wird, druck die Legende", so der Chefredakteur Scott in John Fords Edelwestern *Der Mann, der Liberty Valance erschoss*. Okay, nicht in der deutschen Version, aber das ist ja ein anderes Problem. Tatsache ist: Es gibt Legenden, Geschichten, die wir alle lieben, die seit Jahren, Jahrzehnten oder sogar Jahrhunderten weitererzählt werden und die – sagen wir es mal so – nicht immer komplett wahr sein müssen.

Die Gründung der Stadt Berlin durch Albrecht den Bären als Trutzburg gegen die Wenden ist so eine Geschichte. Oder die Story vom geheimen Gang unter dem Tempelhofer Damm, der einst Kloster und Tempelritterburg miteinander verband und in dem man angeblich Dutzende von Kinderskeletten fand. Oder die Legende über die amerikanischen Rucksackatombomben in den Katakomben des Flughafens Tempelhof. Aber ich greife vor.

Die Idee für die Berliner Mythen jedenfalls ist geklaut. Oder kopiert. In dem Band *Ohne Peilung* (Carlsen, 1995) von Isabel Kreitz taucht ein alter U-Boot-Bunker auf. Ich kenne Hamburg ganz gut, aber von diesem Ort hatte ich noch nie gehört. Andreas C. Knigge, damals Cheflektor bei Carlsen, hatte Isabel mit dem Bunker vertraut gemacht. Solche Orte gab es doch auch in meiner Heimatstadt Berlin.

Michael Groenewald, einige Zeit nach Andreas Knigge Lektor bei Carlsen, trieben ganz ähnliche Gedanken um und er mochte die Idee, eine Serie von Reiseführern in Comicform für alle deutschen Großstädte zu machen, eine Sammlung von Kurzgeschichten, jede von einem anderen Zeichner gestaltet. Die Storys mussten auch gar nicht wahr sein, aber sie sollten in der Folklore der Stadt verankert sein, Mythen eben, mal komisch, mal gruselig, mal spannend. Starten wollten wir natürlich mit Berlin!

Einige der Geschichten wurden – wie bei Legenden üblich – von Mund zu Mund weitererzählt, andere findet man in Berlin-Büchern. Auf viele Geschichten (wie die vom Flughafenhund Pilot) stieß ich bei meinen streunenden Spaziergängen durch die Straßen Berlins. So viele Geschichten liegen hier und warten nur darauf, aufgehoben und abgestaubt und bestaunt zu werden. Der Lektor war begeistert, der Verlag stand in den Startlöchern, nur ein gewisser Berliner Journalist kam mit dem Projekt nicht aus den Puschen.

Für viele Jahre dämmerte also die Idee in der Schublade vor sich hin. Ab und zu sprachen Michael und ich darüber: „Müssen wir mal irgendwann machen." „Ja, ey, müssen wir." Bis sich Ende 2012 beim Berliner Stadtmagazin *zitty*, wo ich inzwischen als Redakteur angeheuert hatte, eine Gelegenheit ergab: Eine Kolumnenseite wurde frei. Damit starb zwar die Idee, aus den *Berliner Mythen* eine Serie mit wechselnden Zeichnern zu machen (so etwas funktioniert bei 14-täglicher Erscheinung einfach nicht), aber es gab die Möglichkeit, mit dem besten, fleißigsten und ganz nebenbei auch noch nettesten und unkompliziertesten Künstler Deutschlands zusammenzuarbeiten. So kamen Reinhard Kleist und mit ihm unser Geschichtenerzähler, der Berliner Taxifahrer Ozan, an Bord. Ideen und Recherchen kamen von vielen Kollegen, stellvertretend sei hier nur der *zitty-/Tagesspiegel*-Herstellungsleiter Marco Schiffner genannt, gebürtiger Potsdamer.

Der Grafiker Wolfgang „Kögl" Köglmeier, ohne den es die Berliner Comicszene niemals gegeben hätte, sorgte dafür, dass die *Mythen* im Heft gut platziert wurden. Und am Ende stand das wachsame Auge von Michael Groenewald, der die Endabnahme erledigte.

Die *Berliner Mythen* wurden zur erfolgreichsten Seite, die *zitty* seit Jahren veröffentlichen durfte. Nahezu alle Berliner Zeitungen berichteten darüber, manche sogar mehrfach, es gab Radio- und Fernsehbeiträge. Gerne würde ich mir jetzt auf der Brust rumtrommeln, aber das lag wohl einzig und allein an Reinhard. Am Anfang sprachen wir noch Themen ab, ich recherchierte etwas herum, gab ihm ein paar Ideen an die Hand, aus denen Reinhard dann seine großartigen kleinen Meisterwerke machte. Schon bald kam er mit eigenen Storys an und bewies dabei sein gutes Gespür für die Themen dieser Stadt. Die Geschichte über David Bowie sei da erwähnt, die zeitgleich mit einer großen, viel beachteten Bowie-Ausstellung erschien.

Ich hätte die *Mythen* noch jahrelang weitermachen können, Ideen gab es für mindestens zehn Jahre (siehe oben). Aber leider sahen das the powers that be bei *zitty* anders. 2015 gab es im Verlag eine große Umstrukturierung, der die Comics und viele Cartoons zum Opfer fielen. Aber jetzt gibt es ja als Happy End doch noch ein Buch.

*Lutz Göllner, Berlin im Dezember 2015*

# Der Fall Elisabeth Kusian

Gleich diese erste Geschichte ist ein schönes Beispiel dafür, wie wir gearbeitet haben. Denn: Ja, die Krankenschwester Elisabeth Kusian ist eine historische Figur, die im Berlin der Nachkriegszeit zwei Menschen ermordete, medizinisch fachgerecht zerstückelte und die Leichenteile über Brach- und Trümmergrundstücke in der Stadt verteilte. Vorher hatte sie ihre Opfer durch fingierte Verkaufsanzeigen in ihre Wohnung gelockt und dort mit einer Wäscheleine erdrosselt. Kusian war – wie viele Menschen damals, darunter auch Heinrich Böll – abhängig von Pervitin, bekam für ihre Taten zweimal lebenslänglich und starb 1958 im Gefängnis. Das ist alles recherchiert und belegt. Für die Darstellung der historischen Polizeiuniformen setzte sich Marko Schiffner einen Abend lang mit dem Verein „Polizei-Historische Schutzleute" zusammen, dessen Mitglieder ihm die Unterschiede zwischen West- und Ostberliner Polizeiuniformen erläuterten.

Doch für den abschließenden Dreh mit dem Bein fand ich nur eine einzige Quelle, ein nicht besonders zuverlässiges Büchlein. Darum gehe ich heute davon aus, dass diese Wendung eher in den Bereich der Mythen fällt. Egal, ich fand die Story sehr witzig, passte sie doch zur damals wie heute meistens hysterischen Grundstimmung in dieser Stadt.

TAXI!

WO SOLL'S DENN HINGEHEN?

IN DIE BANDELSTRASSE, DA GIBT ES EIN STEAKHAUS, "AL TRIBUNALE"!

EIN STEAKHAUS! DAS PASST JA WIE FAUST AUF EIMER! DA HABEN SE IN DEN FÜNZIGERN MAL EIN BEIN GEFUNDEN.

LAG DA AN EINER MAUER, FACHMÄNNISCH ABGETRENNT. UND ALLE DACHTEN SOFORT AN DIE KUSIAN, OB DIE DOCH EINEN KOMPLIZEN GEHABT HÄTTE, DER JETZT WEITER-MORDETE.

KUSIAN?

ELISABETH KUSIAN WAR EINE KRANKEN-SCHWESTER, DIE "TODESSCHWESTER"! HAT ZWEI LEUTE ERMORDET, DAMALS NACH DEM KRIEG. WOLLEN SIE DIE GESCHICHTE HÖREN? DAS WAR 1949, DIE STADT ER-HOLTE SICH LANGSAM VON DEN SCHRECKEN DES KRIEGES UND DIE BEWOHNER VERSUCHTEN, EIN STÜCKCHEN NOR-MALITÄT ZURÜCKZUERLANGEN.

DOCH IN DER BORSIG-STRASSE IM OSTTEIL DER STADT MACHTEN EIN PAAR POLIZISTEN EINE GRAUSIGE ENT-DECKUNG:

HERR OBERST, HIER LIEGT ETWAS!

UM GOTTES WILLEN! WER MACHT DENN SO WAS?

9

VIER TAGE SPÄTER IM WESTTEIL DER STADT, AM BAHNHOF ZOO.

IM NAMEN DES GESETZES!

SOFORT STEHEN BLEIBEN!!!

!!!

WAS IST DAS?!?

IN DER PATHOLOGIE BERLIN-WEST:

DIE GLIEDMASSEN SIND SAUBER ABGETRENNT, DA WAR EIN FACHMANN AM WERK. ICH SCHÄTZE, DER MORD WURDE ANFANG NOVEMBER BEGANGEN. UND NICHT AM FUNDORT, SONST WÄRE MEHR BLUT ZU SEHEN.

UND DER TOTE?

KANN MAN NICHT IDENTIFIZIEREN, HMM, WENIGSTENS NOCH NICHT ...

MERKWÜRDIG, MIR IST EIN ÄHNLICHER FALL VON DEN KOLLEGEN IM OSTEN ZU OHREN GEKOMMEN.

DEN ANFANG MUSS DAS GAN-
ZE UNGEFÄHR EINEN MONAT
FRÜHER GENOMMEN HABEN,
ANFANG DEZEMBER 1949:

HE, SIE DA!
SIE SEH'N DOCH
AUS, ALS WENN SE
WATT SUCHEN!

WOLL'N
SE JELD
WECHSELN?

WAS...
WAS HABEN
SIE DENN FÜR
EINEN KURS?

EINS ZU
VIER ODER EINS
ZU SECHS, JE
NACHDEM. ABER
NICH' HIER AUF
DER STRASSE.

KOMMSE MIT,
ICK MACH IHN'
'N KAFFEE. HAB
RICHTIJEN ZU
HAUSE.

WAS HABEN
SIE DENN IN DER
STADT JEMACHT?

MEINE ARME
MUTTER BEER-
DIGT. DA HAT SE
DEN KRIEG ÜBER-
LEBT, UND NU
PLÖTZLICH...

SIND
SCHON HARTE
ZEITEN...

ENDE DEZEMBER LIEFERTE DIE BUCHHALTERIN DOROTEA MERTEN EINE REISE-SCHREIBMASCHINE AN EINE KUNDIN IN DER KANT-STRASSE 154A, FRAU ELISABETH KUSIAN.

ES WAR EINE WOCHE SPÄTER, IM NEUEN JAHR 1950, ALS MAN IM SOZIALIS-TISCHEN OSTTEIL BERLINS TEILE VON FRAU MERTEN FAND UND DIE POLIZEI ALARMIERTE.

DIE SCHLINGE UM ELISABETH KUSIAN ZOG SICH ZU...

POLIZEI!

ENTSCHULDIGEN SIE DIE STÖRUNG.

ACH, HERR POLIZEI-INSPEKTOR, SIE STÖR'N DOCH JAR NICH'.

GEHT AUCH RECHT SCHNELL. WIR SUCHEN NACH DEM VERBLEIB VON FRAU DOROTEA MERTEN. IHR MANN TEILTE UNS MIT, DASS SIE AUF DEM WEG ZU IHNEN WAR. DAS WAR DAS LETZTE MAL, DASS SIE GESEHEN WURDE.

ACH, DIE MERTEN. NA, DET IS EINE!

DIE IST NIE HIER AUFJETAUCHT. DABEI HATT ICK 'NE SCHREIBMASCHINE BESTELLT BEI DER. FÜR MEEN FREUND, DER IS' BEI DER POLIZEI, WIE SIE.

SO, HMM. WENN SIE NICHTS DAGEGEN HABEN, KÖNNEN SIE IHRE AUSSAGE NOCH MAL IM POLIZEI-PRÄSIDIUM AM ALEX WIEDERHOLEN? DIE SIND DA NÄMLICH AUCH INVOLVIERT.

WIESO 'N DITTE? DIT IS' DOCH IM OSTEN?

DIE BEAMTEN IM OSTEN WAREN MEHR AUF ZACK UND SCHNELL VERWICKELTE SICH DIE KUSIAN IN WIDERSPRÜCHE, SO DASS BEI DEN KOLLEGEN IM WESTEN EINE HAUSDURCHSUCHUNG ANGEFRAGT WURDE.

DABEI ENTDECKTE MAN BLUTSPUREN AN EINEM MESSER, EINEM HOLZKOFFER, EINEM RUCKSACK, GUMMIHANDSCHUHEN UND WOLLDECKEN.

DIE JEHÖR'N MEIM EX-MANN...

13

UNTER GROSSEM POLIZEI-SCHUTZ MUSSTEN SIE DIE KUSIAN AM ÜBERGANG SANDKRUGBRÜCKE IN DEN WESTTEIL AUSLIEFERN.

YOU ARE NOW LEAVING BRITISH SECTOR

MITTLERWEILE WUSSTE DIE GANZE STADT VON DER "TODESSCHWESTER".

ICH WAR DOCH FROH, SO EINE KRANKENSCHWESTER ZUR UNTERMIETE ZU HABEN. UND RUHIG WAR SE UND HAT PÜNKT-LICH BEZAHLT...

DIE WAR DOCH IMMER SO AUFOPFERUNGSVOLL AUF DER ARBEIT. WIE KONNTE SE NUR?!? MIT DENSELBEN HÄNDEN...!

SIND SIE, FRAU KUSIAN, MORPHINISTIN? ODER HABEN SIE MIT DEM RAUSCHGIFT, DAS MAN IN IHRER WOHNUNG FAND, IHRE OPFER BETÄUBT?

HAM SE SICH SCHON MAL JEFRAGT, WIE EEN MENSCH DAS ALLES AUSHAL-TEN SOLL?

DEN KRIEG UND DAS GANZE ELEND UND DAS STERBEN! ALLE HAM SE MICH VERLASSEN, MEIN MANN UND DIE KINDER!

3000 MARK SCHULDEN HATTE ICH. DIE GLÄUBIGER SETZTEN MIR ZU. DABEI HATTEN DIE DOCH GELD!

WAT SOLLT ICK DENN TUN? WIE SOLL MAN DENN NOCH 'N MENSCH SEIN, BEI DEM JANZEN WAHNSINN UM EIN'N RUM?!?

ICK DACHTE, WENN ICK DIE TEILE DER LEUTE IM OSTEN UND WESTEN VERSTREUE, KOMMT MAN MIR NICH' AUF DIE SCHLICHE...

MAN HAT SIE ZU ZWEIMAL LEBENSLÄNGLICH VERURTEILT, ABER NACH SIEBEN JAHREN IST SIE DANN VERSTORBEN.

UND..., UND DAS BEIN..?

ACH, DAS! DAS STELLTE SICH ALS NEBEN-PRODUKT EINER RAUCHERBEIN-AMPUTATION IM KRANKEN-HAUS MOABIT RAUS.

UND WO SOLL ICH DAS JETZT HINTUN, HERR CHEFARZT?

NA, WOHIN WOHL, SIE SCHLAUMEIER: WERFENSES AUSM FENSTER!

KOMISCH... ABER WENN DER CHEF DAS SAGT, WIRD'S WOHL SO SEIN...

SO, HIER SIND WIR! AUF WELCHER HÖHE IST DENN IHR RES-TAURANT?

VERGESSEN SIE'S, FAHREN SIE UNS ZUR NÄCHSTEN APOTHEKE.

Ende

15

# Erwin geht zur Schule

Verdammt, ich vermisse den Kalten Krieg! Das war eine einfachere Zeit, in der Gut und Böse klar definiert waren, ein Krieg, der fast ausschließlich von Profis gekämpft wurde und von dem normale Zivilisten wenig mitbekommen haben.

Auswirkungen gab es natürlich trotzdem, wie die Geschichte um den Jungen Erwin aus Eiskeller zeigt, der nach einer Begegnung mit Grenzpolizisten der DDR monatelang mit einem Schützenpanzer der Alliierten zur Schule gefahren wurde. Der Eiskeller war immer eine Besonderheit im Berliner Grenzverlauf, eine weite Heidefläche westlich von Spandau in einem flachen Tal gelegen (deshalb ist es dort immer etwas kälter als in der Stadt), die rein juristisch zu Westberlin gehörte, aber auf dem Gebiet der DDR lag. Als 1961 die Mauer gebaut wurde, lebten in dieser Exklave (oder Enklave, abhängig vom Standpunkt) 20 Personen auf drei Höfen, die plötzlich von der Stadt abgeschnitten waren. Der einzige Zugang

war ein vier Meter breiter und 800 Meter langer Korridor mitten durch den Todesstreifen. 1972 und 1988 tauschten die DDR und Westberlin mehrere Gebiete an der Grenze, so dass der Zugang zum Eiskeller erleichtert wurde.

Erwins Geschichte schaffte es damals sogar in verschiedene Wochenschauen, die man auch heute noch leicht im Netz findet. Aber 1994 stellte sich dann heraus, dass Erwins Geschichte eben genau das war: eine Story, die der Junge sich ausgedacht hatte, um die Schule zu schwänzen. Erwin lebt heute noch in Spandau – weit ist er also nicht gekommen, nachdem er aus Eiskeller wegzog –, aber auf unseren Kontaktversuch reagierte er äußerst abweisend.

NACH SPANDAU, BITTE.

IST JA GROSS. WOHIN GENAU?

NACH EISKELLER, WENN IHNEN DAS WAS SAGT.

AM BESTEN FAHREN SIE ÜBERN FALKENSEER DAMM UND DANN SAG ICH IHNEN, WO ES LANG-GEHT ...

NICHT NÖTIG, FINDEN WIR SCHON. DA GIBT'S DOCH DIE GESCHICHTE VON DEM JUNGEN AUS EISKELLER, DEN SIE MIT DEM PANZER ZUR SCHULE GEBRACHT HABEN, KENNEN SIE DIE?

MIT EINEM... WAS? NEE, DIE KENNE ICH NICHT.

WISSEN SIE, ALS DER SOZIALISMUS ANFANG DER SECH-ZIGERJAHRE DIE SCHOTTEN DICHT-GEMACHT HAT...

... WAR EISKELLER KOMPLETT VON DER OSTZONE EINGESCHLOSSEN. MUSS MAN SICH MAL VORSTELLEN, 'N KLEINES FLECKCHEN WESTBERLIN IN DER DDR.

NUR ÜBER EINEN SCHMALEN FELDWEG KAM MAN DAMALS VON DEN PAAR HÄUSERN NACH SPANDAU...

... WO DER KLEINE ERWIN ZUR SCHULE GING.

MAMA, ICH KANN NICHT ZUR SCHULE!

UND WARUM BITTE?

DIE GRENZPOLIZISTEN HABEN GESAGT, HIER WÄR JETZT GESPERRT UND ICH KÖNNTE NICHT DURCH. UND DANN HABEN SIE GELACHT...

ACH GOTT, WO SOLL DAS BLOSS ALLES ENDEN? ICH WERDE BEI DER SCHULE ANRUFEN.

ALSO RUFT DIE AUF-GEBRACHTE FRAU MAMA BEI DER SCHULE IHRES SOHNES AN, DIE SCHULE BEIM BEZIRKSAMT UND DAS AMT SCHLIESSLICH BEI DER BRITISCHEN GARNISON. DIE VERSPRECHEN, DIE SACHE BIS ZUM NÄCHSTEN TAG ZU REGELN.

HUP

NA, WENN DU HEUTE NICHT SICHER ZUR SCHULE KOMMST..!

VERGISS NICHT DEINE PAUSEN-BROTE, ERWIN!

GOOD MORNING, MY BOY, COME ON, GET ON YOUR BIKE!

UND SO WURDE DER KLEINE ERWIN JEDEN MORGEN VON DER BRITISCHEN ARMEE AN DEN DDR-GRENZERN VORBEI ZUR SCHULE GELEITET.

HAVE A GOOD ONE!

SEE YOU LATER, ERWIN!

WER SIND DENN DIE?

DAS...

... DAS SIND MEINE LEIB-WÄCHTER!

UND HOLEN DIE DICH ETWA AUCH WIEDER AB?

JA KLAR, DIE PASSEN AUF, DASS DIE KOMMIS MIR NICHT ZU NAHE KOMMEN!

ERWINS SPEKTAKULÄRER GELEITSCHUTZ MACHTE NATÜRLICH SCHNELL DIE RUNDE.

EINMAL LÄCHELN FÜR DAS SPANDAUER VOLKSBLATT!

Clic

„Erwin wurde eines Tages von bis an die Zähne bewaffneten Vopos der Weg verstellt. Wie Wegelagerer in dem nur kleinen Pfad, der Eiskeller mit Westberlin verbindet, forderten sie den Schüler auf, sofort wieder umzukehren. Die Ulbricht-Soldateska scherte sich nicht darum, dass sie mitten auf Westberliner Gebiet stand.“

DA HAT MAN SICHER MEHR ALS EINEM VOLKS-POLIZISTEN GEHÖRIG DEN KOPF GE-WASCHEN.

DER KLEINE ERWIN WURDE SOGAR NACH BONN EINGELADEN. IM KALTEN KRIEG KAM DIE GESCHICHTE GERADE RECHT.

JUNGE, DU BIST EIN SYMBOL DES FREI-HEITSWILLENS DER BERLINER BÜRGER!

Ende

Parte dt

# Onkel Toms Hütte
WANNSEE

Meine persönliche Lieblingsgeschichte, die mich auch heute noch rührt. Und das nicht nur weil Reinhard hier wunderbar das Flair dieses historischen Ausflugslokals, das oberhalb des Riemeisterfenns von 1885 bis in die 1970er stand, eingefangen hat oder meine eigenen Eltern – meine Mutter war eine gebürtige Zehlendorferin – am Wochenende hier zum Tanzen waren.

Heute sind von dem Ort nur noch die Terrassen im Wald übrig. Birken und Kiefern haben sich den Platz zurückerobert, aber dazwischen stehen auch noch die Reste der alten Gaslaternen. Onkel Toms Hütte ist ein mystischer, fast schon magischer Ort und Reinhard hat sofort die Romantik verstanden, die noch heute von ihm ausgeht. Wir Berliner haben schon vor langer Zeit gelernt, dass sich diese Stadt ständig wandelt, nichts ist für die Ewigkeit. Gute Sachen verschwinden genauso wie die schlechten. Komm damit klar, Keule!

Die Geschichte von der Geistermusik, die an langen Sommerabenden durch den Wald schallt, haben mir übrigens zwei Pferdemädchen vom nahe gelegenen Reitklub erzählt. Aber wer glaubt schon an Geister…?

21

ZUM QUERMATEN-WEG, BITTE, DAS IST GANZ IN DER NÄHE VOM U-BAHNHOF "ONKEL TOMS HÜTTE".

IST SCHÖNES WETTER HEUTE. MÖCHTEN SIE DA EIN BISSCHEN SPAZIEREN GEHEN?

JA, ICH MAG DAS RIEMEISTER-FENN.

DA WAR JA FRÜHER EIN AUSFLUGS-LOKAL, NACH DEM DIE U-BAHN-STATION BENANNT IST.

JA, DAS WAREN NOCH ZEITEN ...

LETZTENS HAB ICH EIN MÄDEL GEFAHREN, DAS HIER IN DIE REITSCHULE GEHT. DIE ERZÄHLTE, DASS MANCHMAL MUSIK IM WALD ZU HÖREN SEI, GENAU DORT, WO DAS LOKAL GESTANDEN HAT.

ABER FÜR SPUK-GESCHICHTEN HAB ICH NICHT SO VIEL ÜBRIG. ICH FINDE ES VIEL INTERESSANTER, WAS DORT WIRKLICH WAR. DA GING ES JA FRÜHER HOCH HER.

DAS LOKAL SOLL TRAUMHAFT AM SEE GELEGEN HABEN. DAS WAR, BEVOR DA ALLES VERLANDET IST.

ES GAB REGELMÄSSIG TANZ UND AUF DEN TERRASSEN KONNTE MAN ELEGANT SPEISEN. DIE BERLINER PROMINENZ HAT SICH DIE KLINKE IN DIE HAND GEGEBEN, HÖRT MAN.

UND NACH DEM KRIEG KAMEN VIELE G.I.S VON DEN BENACHBARTEN KASERNEN.

JA, DORT HABE ICH MEINEN MANN KENNENGELERNT, DEN WILLIAM. SAH DER FESCH AUS IN SEINER UNIFORM!

WIR HABEN GANZ FIX GEHEIRATET UND ER IST IN DEUTSCHLAND GEBLIEBEN. ZWEI JUNGS HABEN WIR GROSSGEZOGEN!

UND AM WOCHENENDE SIND WIR IMMER ZUM TANZEN IN ONKEL TOMS HÜTTE GEGANGEN. DAS WAR DAS SCHÖNSTE NACH SO EINER HARTEN WOCHE.

IN DEN SIEBZIGERN IST ER DANN PLÖTZLICH GESTORBEN, MEIN WILLIAM, UND KURZ DARAUF HABEN SIE AUCH DAS LOKAL ABGERISSEN.

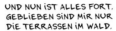

UND NUN IST ALLES FORT. GEBLIEBEN SIND MIR NUR DIE TERRASSEN IM WALD.

ABER WAS ERWÄHNTEN SIE DA EBEN? DIE LEUTE HÖREN VON ZEIT ZU ZEIT ...

... MUSIK VON DEN RUINEN DER ALTEN GASTSTÄTTE HERÜBERWEHEN? ... DAS IST JA DIREKT UNHEIMLICH!

ALSO PASSEN SIE SCHÖN AUF SICH AUF! MIT GESPENSTERN IST NICHT GUT PFLAUMEN ESSEN! WO DARF ICH SIE RAUSLASSEN?

AUF MEINE ALTEN TAGE LASSE ICH MICH VON SO ETWAS NICHT...

... MEHR SCHRECKEN! HABEN SIE EINEN SCHÖNEN TAG.

Ende

# Operation Gold

Die „Operation Gold" war – wie im Comic geschildert – eine Spionageoperation von CIA und britischem SIS. Zwar gibt es inzwischen zwei TV-Dokumentationen und einen Spielfilm (*... und der Himmel steht still* von John Schlesinger) darüber, doch das Besondere daran ist, dass so gut wie keine Informationen offiziell zugänglich sind. CIA-Direktor Allen Dulles hatte dafür gesorgt, dass „so wenig wie möglich" schriftlich fixiert wurde. Die Operation wurde verraten und im April 1956 vom KGB propagandistisch ausgeschlachtet. Das schadete nicht nur Allen Dulles, auch sein Bruder, der Außenminister John Foster Dulles, und die Schwester Eleanor Lansing Dulles, zuständig für das Berlin-Ressort des State Department, wurden nachhaltig beschädigt.

Die Abhöranlage wurde erst 1971 endgültig geschlossen; heute stehen dort, zwischen Neukölln und Treptow, Eigentumswohnungen.

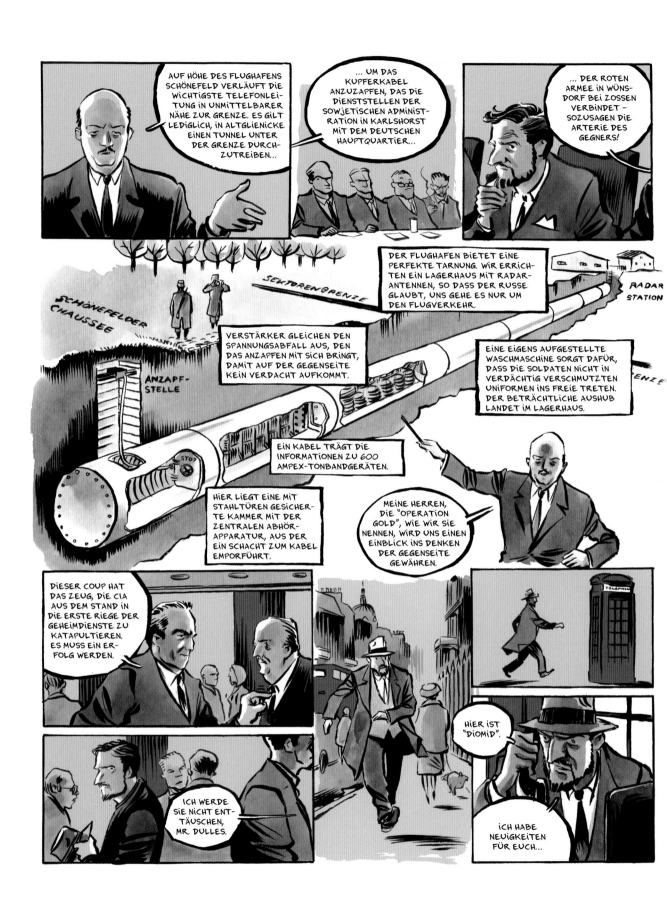

DIESE NACHRICHT KAM VON UNSEREM INFORMANTEN IN LONDON, GENOSSE PITOWRANOW ...

AH, SIEH AN, GEORGE BLAKE! LASSEN SIE MAL SEHEN.

HM, NUN, AM BESTEN... AM BESTEN IST ES WOHL, DIE AMIS IN RUHE WEITERBAUEN ZU LASSEN.

WAS? TATENLOS ZUSEHEN? ABER GE-NOSSE...

AUF DIESE WEISE DECKEN WIR UNSEREN INFORMANTEN BLAKE UND KÖNNEN DEN WESTLICHEN MÄCHTEN EIN VORTREFFLICHES SPIEL VORFÜHREN.

WIE DAS, GE-NOSSE?

GANZ EINFACH, GENOSSE, WIR LASSEN DIE GE-NOSSEN AUS-SCHLIESSLICH BELANGLOSE GESPRÄCHE ÜBER DIE LEI-TUNG FÜHREN. SO GLAUBEN DIE AMERIKANER, WIR HÄTTEN TATSÄCHLICH NICHTS ZU VERBERGEN!

440.000 GESPRÄCHE WURDEN VON DER CIA ABGEHÖRT UND MUSSTEN AUSGEWERTET WERDEN.

... FÜR IHRE VER-DIENSTE UM DIE CIA...

DAZU WURDE IN LONDON EIN BÜRO MIT 317 SPEZIALIS-TEN EINGERICHTET, EIN WEITERES IN WASHINGTON MIT 350 ANALYSTEN.

25 TONNEN TONBAND AUF 50.000 SPULEN SIND IM LAUFE DER ELF MONATE ABHÖR-TÄTIGKEIT ZUSAM-MENGEKOMMEN.

UND WAS IST DAS...?! "KOMPANIE F MELDET: ALLES RUHIG..."

"SCHATZ, ICH WEISS, DASS DIR BERLIN NICHT GE-FÄLLT..."

"... ORDERN FÜNF PALETTEN TOILETTEN-PAPIER..."

NUN, IMMERHIN KÖNNEN WIR BEI DER MENGE AN... ÄH... TOILETTENPAPIER AUF DIE STÄRKE IHRER TRUPPEN SCHLIESSEN...

ÄHM... ODER IHRE ESSGEWOHN-HEITEN...

DAS MATERIAL IST NICHTS WERT! VER-FLUCHT!

WAS'N DITTE?

NA, DA MACH'N WA WOHL MAL 'NE MEL-DUNG!

ICH HABE MEIN WORT GEGEBEN, DASS DIE "OPERATION GOLD" EIN ERFOLG FÜR DIE CIA WIRD!

GEBEN SIE DURCH: MATERIAL ERST-KLASSIG. AUS-WERTUNG WIRD NÜTZLICHKEIT BESTÄTIGEN.

SIE GLAUBEN NICHT, WAS WIR VORGEFUNDEN HABEN, JENOSSE UNTERFELD-WEBEL! DER REGEN HAT EIN VERDÄCHTIJES OBJEKT FREI-JESPÜLT...

ICH INFOR-MIERE UMGEHEND DIE HAUPT-DIREKTION!

GENOSSE! JETZT KÖNNEN WIR ES NICHT LÄN-GER GEHEIM HALTEN, DIE GENOSSEN IN DEUTSCHLAND TOBEN SCHON, LASSEN SIE DIE AMERIKANER HOCHGEHEN.

SAG MAL, HÖRST DU DAS AUCH...? DA... DA GRÄBT DOCH JEMAND!!!

WIR SIND ENTDECKT!

SCHNELL, WIR ZIEHEN UNS ZURÜCK!!!

WIR MÜSSEN SIE DARAN HINDERN, WESTLICHEN BODEN ZU BETRETEN!

DAS WIRD SIE AUFHALTEN!

SIE TRETEN JETZT IN DIE AMERIKANISCHEN SEKTOR HINEIN

HALT!!!

DIE HABEN EIN SCHILD AUFGESTELLT?

JA, DAS STAND GENAU UNTER DER GRENZE.

DIE DDR-FÜHRUNG VERLOR KEINE ZEIT UND LUD POLITIK UND PRESSE EIN, DEN TUNNEL ZU BESICHTIGEN. FÜR DIE WAR DAS EIN GEFUNDENES FRESSEN.

EIN TECHNISCHES WUNDERWERK, MUSS MAN DENEN LASSEN...

DIE WAREN TOTAL BETRUNKEN, WENN SIE MICH FRAGEN...

SIE TRE IN DIE AMERIKAN SEKTOR H

DIES STELLT EINEN BRUCH DER NORMEN INTERNATIONALEN RECHTS DAR!!!

EIN IN HÖCHSTEM MASSE VERBRECHERISCHER AKT!!!

Museum der U$A-Gemeinheit

Tausende werktätige Menschen gingen täglich die Strecke Altglienicke–Schönefelder Chaussee, nicht ahnend, daß unter ihnen amerikanische Spione gegen Frieden und Verständigung wühlen.

Mehr als 300 m trieben amerikanische Gangster einen Spionagetunnel in das Gebiet der DDR vor!

*Überstürzte Flucht*

**Der amerikanische Blinddarm des Kalten Krieges!**

Für jeden erkennbar, zeigt sich in der kleinen Gemeinde Altglienicke das Gesicht der USA in Deutschland: Spionage, Sabotage, Vorbereitung eines neuen Krieges. Wie lange noch soll das so weitergehen? Wie lange noch sollen Westdeutschland und Westberlin Tummelplatz der Geheimdienste und Agentenorganisationen bleiben? Wie lange noch wollen die Westberliner Verwaltung und die Bonner derartige Ungeheuerlichkeiten dulden?

SIE TRETEN JETZT IN DIE AMERIKANISCHEN SEKTOR HINEIN

*Auf Kosten der Steuerzahler*

...FÜR IHRE VERDIENSTE UM DAS VOLK...

AUF DER OST-
SEITE WURDEN
DIE TUNNELTEILE
AUSGEBAGGERT
UND EINEM UN-
BEKANNTEN
VERWENDUNGS-
ZWECK ZUGE-
FÜHRT.

MIT-
KOMMEN!

DIE CIA VERSUCHTE NOCH BIS 1961,
DIE AKTION ALS ERFOLG ZU VERKAU-
FEN. DANN FLOG DIE TARNUNG DES
DOPPELSPIONS GEORGE BLAKE AUF.

AUSSER
SPESEN NICHTS
GEWESEN...

UNTERM STRICH HATTE
MAN 6,7 MILLIONEN
DOLLAR VERBRATEN.

UND JETZT
MÖCHTE ICH MIR
DAS DING MAL AN-
SEHEN. EIN STÜCK
DES TUNNELS IST
IM MUSEUM AUS-
GESTELLT.

TJA, WER ANDE-
REN EINEN TUNNEL
GRÄBT, FÄLLT SELBST
HINEIN! ICH FRAGE MICH
NUR, WIE DIE TEILE
DANN ZU IHNEN NACH
PASEWALK GEKOM-
MEN SIND?

GUTE FRAGE.
DA WAR FRÜHER
EIN ÜBUNGSPLATZ
DER NATIONALEN
VOLKSARMEE, VIEL-
LEICHT HABEN SIE
SIE BENUTZT, UM
IM WALD WAFFEN
ZU LAGERN?

... LIEFERUNG VON
MULTIFUNKTIONS-
TEILEN AUS BER-
LIN?!? WAT SOLL'N
WA DENN DAMIT
ANFANGEN?

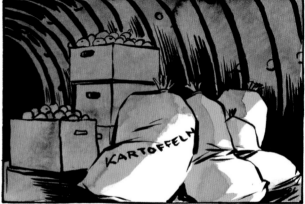

KARTOFFELN

Ende

# Die Blutlichtung

Die Idee zu diesem Kapitel kam mir beim Kauf eines Weihnachtsbratens samt dazugehörigem Baum am Forstamt Grunewald. Genau dort befand sich der Ort, an dem sich die besseren Kreise Berlins ihrem Ehrenhandel widmeten. Die Story selber stammte dann komplett von Reinhard. Es gibt noch eine mit der Blutlichtung zusammenhängende Idee, die sich um Sexorgien im Jagdschloss Grunewald dreht, um Erpressung und eine schmierige Medienkampagne im Berlin des späten 19. Jahrhunderts, die aber nie richtig ausgearbeitet wurde.

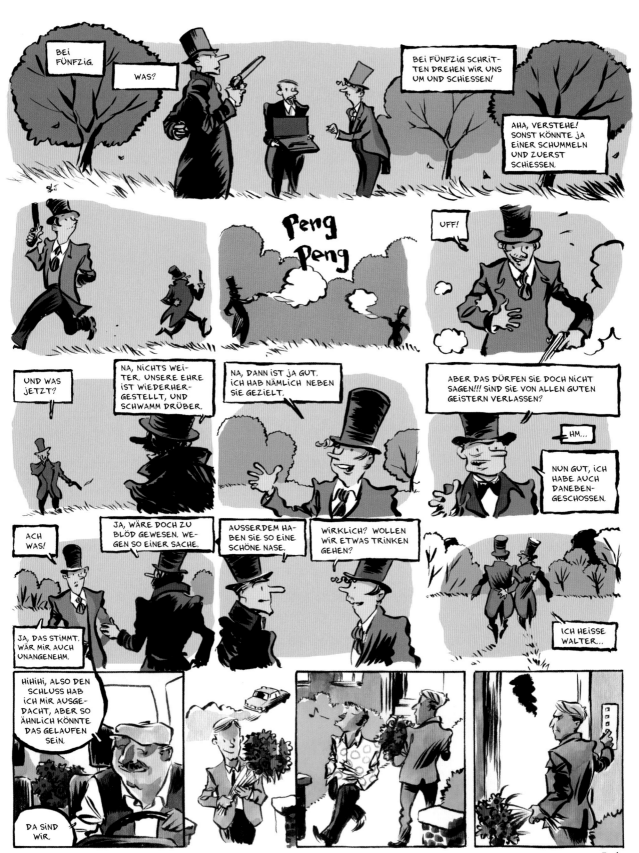

# Die Spukvilla

In der unmittelbaren Nähe der Tempelhofer Spukvilla
bin ich aufgewachsen. Und habe in den frühen 80er-
Jahren miterlebt, wie das Haus, das damals einer Schoko-
ladenfabrik gehörte, immer mehr verfiel. Um darauf
aufmerksam zu machen, wurde das Haus für eine Nacht
lang von einer Tempelhofer Bürgerinitiative besetzt.
Die Geister der Grande Armée kamen damals zwar nicht
vorbei, aber das alte Fachwerkhaus, das heute der
Arbeiterwohlfahrt gehört, wurde im Anschluss wieder
in Schuss gebracht.

EINEN SCHÖNEN GUTEN TAG. WO SOLL'S DENN HIN-GEHEN, MEISTER?

NACH TEMPEL'OF, ALBRECHT-STRASSE. S'IL VOUS PLAÎT!

SIE SIND AUS FRANK-REICH, WAS? ERKENNE ICH DOCH SOFORT!

WAS FÜR EIN ZUFALL! WUSSTEN SIE, DASS ES DORT SPUKEN SOLL?

OUI...

MAIS... NON...

ABER JA, UND ES HAT MIT EINIGEN FRANZOSEN ZU TUN. LANDS-LEUTEN VON IHNEN!

MON DIEU, WAS FÜR EIN GE-METZEL...!

DIESE GESCHICHTE BEGINNT IM JAHR 1813 MIT EINER GRUPPE DESOLATER FRANZÖSISCHER GRENADIERE. NAPOLEONS TRÄUME VON EINEM EUROPA UNTER SEINER FAHNE HATTEN SICH ZER-SCHLAGEN UND BEI GROSSBEEREN WAR EINE WEITERE SCHLACHT GEGEN DIE ALLIIERTEN RUSSEN, SCHWEDEN UND PREUSSEN VERLOREN GEGANGEN.

SACREBLEU, WIR SIND SO WAS VON GESCHLAGEN... UND UNSER FEINER HERR NAPOLEON MACHT SICH AUSM STAUB!

UND WENN WIR UNS EIN BISSCHEN AUS DER KRIEGSKASSE BEDIENEN? KEINEM WÜRDE ES AUFFALLEN IN DIESEM CHAOS.

UND WAS, WENN SIE VERDACHT SCHÖPFEN? DIE GUILLOTINE WÄRE UNS SICHER!

WIR SAGEN EINFACH, DIE PREUSSEN HÄTTEN UNS ÜBERFALLEN UND DIE KASSE ERBEUTET!

HAST DU DENN KEIN EHRGEFÜHL? WIR HABEN EINEN EID GESCHWOREN, DIE KASSE ZU BESCHÜTZEN!

GENAU!

FERME TA GUEULE! ICH PFEIF AUF DEN EID, MONSIEUR!

PFFFF!

RECHT SO!

ICH NEHM MIR, WAS MIR ZUSTEHT! LASS MICH VORBEI!

PUTAIN! NUR ÜBER MEINE LEICHE!!!

Clang

KLING

DIE SOLDATEN WURDEN NIE WIEDERGESEHEN. EIN HALBES JAHRHUNDERT SPÄTER WURDE DAS KLEINE HAUS ABGERISSEN UND DURCH DIE VILLA ERSETZT, DIE HEUTE NOCH DORT STEHT. DOCH ETWAS STIMMTE VON ANFANG AN NICHT IN DIESEM HAUS...

DAS NEUE HAUS SCHIEN AUF ALLE BEWOHNER EINEN UNGUTEN EINFLUSS AUSZUÜBEN.

WÜNSCHE EINE GERUHSAME NACHT, GNÄDIGE FRAU.

DIE WERDE ICH HABEN, MEIN LIEBER HEINRICH.

ICH BIN HUNDEMÜDE...

TAP TAP

Polter!

WO IST SIE NUR...?

SIE MUSS HIER IRGENDWO SEIN...

ALLONS ENFANTS DE LA PATRIE, LE JOUR DE GLOIRE EST ARRIVÉ...

HEINRICH! KEINE SEKUNDE LÄNGER BLEIBE ICH IN DIESEM HAUS!

WAS IST NUR PASSIERT, GNÄDIGE FRAU...?

DA WAREN FINSTERE GESTALTEN IN MEINEM ZIMMER... SIE WAREN GRAUSIG ANZUSEHEN ...

UND SCHLIMMER NOCH: SIE HABEN DIE MARSEILLAISE GESUNGEN!

DANN HABEN SIE SIE ALSO AUCH GESEHEN! NUN...

ALS MAN DIESES HAUS ERBAUT HAT, WURDEN AUF DEM GRUND DIE STERBLICHEN ÜBER-RESTE...

... VON MEHREREN FRANZÖSISCHEN SOLDATEN GEFUNDEN...

UND DIE KRIEGSKASSE?! WISSEN SIE AUCH ETWAS DARÜBER, MONSIEUR?

NIX GENAUES WEISS MAN NICHT. DIE KISTE BLIEB VERSCHWUNDEN... FÜR IMMER...

WER WEISS SCHON, WER SICH DIE UNTER DIE NADELN GERISSEN HABEN KÖNNTE...?

HI, HI, HI, HI, HI...

SELTSAM, ABER SO STEHT ES GESCHRIE-BEN, HAHAHA!

DA WÄREN WIR! MACHT GENAU VIERZEHN EURO.

NA, DA SOLL MICH DOCH... WO IST DER DENN HIN? HIER GEHT'S DOCH NICHT MIT RECHTEN DINGEN ZU!!!

Ende

FRIEDRICHSHAIN

STR.

FRIEDRICHSTR    DOM    FERNSEHTURM (5)

REICHSTAG    KARL-MARX-ALLEE

PARISER    UNTER DEN LINDEN    BERLINER
PLATZ                          RATHAUS (6)

BRANDENBURGER
TOR    GENDARMEN-

# Der Schafskopf

Die Geschichte des Hauses mit den Schafsköpfen ist
verbürgt, man kann Teile der Fassade im Märkischen
Museum sehen. Von 1783 bis 1927 stand das Haus direkt
am Alexanderplatz und wurde erst für den U-Bahn-Bau
abgerissen. Andere Geschichten um den Alten Fritz
dagegen sind eher in der Abteilung „Mythen" zu finden,
sei es nun der Prozess um die Mühlen von Sanssouci
oder um die architektonischen Entwürfe der Alten Uni-
versitätsbibliothek (sie soll nach dem Vorbild einer
Kommode im königlichen Schloss gebaut worden sein)
und der St.-Hedwigs-Kathedrale (hier soll eine umgestülp-
te Teetasse als Vorlage gedient haben). An Friedrich II.,
dem Großen, entzündete sich jedenfalls mehr als nur
der erste Nationalstolz der Deutschen. Auch als Legen-
denlieferant taugte er.

ES WAR EINMAL IN BERLIN ZU ZEITEN FRIEDRICH DES ZWEITEN.

DA BAUTE DER KÖNIG EINEM SEINER GÜNSTLINGE EIN HAUS AM ALEXANDERPLATZ. DOCH DIESER WAR NIE ZUFRIEDEN. LANGSAM PLATZTE DEM KÖNIG DER KRAGEN.

ZU HOCH ...

ZU LANG ...

ZU SCHMAL...

NICHT HOCH GENUG ...

SCHREIBE ER: DIE IDEE, DIE GESIMSE MIT SCHAFSKÖPFEN ZU VERZIEREN, FINDE ICH DURCHAUS NICHT UNINTERESSANT, ALLERDINGS ZÄHLE ICH NUR 99 UND ES WÄRE DOCH IM SINNE DER SYMMETRIE, WENN ES DIE GERADEN HUNDERT VOLLMACHEN WÜRDE...

EINE KORRESPONDENZ VOM KÖNIG.

AHA, SO WIRD ER DOCH AUF MEINE ÄNDERUNGSVORSCHLÄGE EINGEGANGEN SEIN! LESE ER VOR.

"SEHR VEREHRTER ..."

JA, JA, JA, ÜBERGEHE ER DIE ÜBLICHEN FLOSKELN! KOMME ER ZUM KERN DES BRIEFES!

"... SO IHM DIE 99 SCHAFSKÖPFE AN DER FASSADE NICHT GENUG SIND, DANN STECKE ER SEINEN KOPF NUR FLEISSIG AUS DEM FENSTER HERAUS, SO IST DAS HUNDERT VOLL. HOCHACHTUNGSVOLL..."

DAS NENNE ICH EINE RETOURKUTSCHE. DIE WÜRDE ICH MEINEN KUNDEN AUCH GERNE MAL AN DEN KOPF WERFEN.

TAXI

BEISSE NIE DIE HAND, DIE DIR DAS HAUS BAUT, NICHT WAHR?

ABER HALLO!

TAXI WERDEN SIE JA WOHL NICHT FAHREN. SIND SIE VERKÄUFERIN ODER SO ETWAS?

NEIN, ARCHITEKTIN!

Ende

SCHÖNEBERG

GNEISENAUSTR

VIKTORIA-PARK
KREUZBERG

DUDENSTR.

15

HASENHEIDE    HERMANN-
PLATZ

VOLKSPARK
HASENHEIDE

MARTIN-LUTH-

-PTST

7

# Bowie in Berlin

Die große David-Bowie-Ausstellung hatte Reinhard schon zur Kenntnis genommen, als sie im Sommer 2013 im Londoner Victoria and Albert Museum zu sehen war. Als sie im Februar 2014 erweitert nach Berlin kam und dabei unter anderem den Durchsteckschlüssel zu Bowies Haustür präsentierte, hatte Reinhard seine Story schon fertig, passend zur *zitty*-Titelgeschichte.

Bowies Berliner Zeit war zwar nur kurz, sie begann im Sommer 1976 und endete keine zwei Jahre später, aber um sie ranken sich viele Legenden. Zunächst wohnte Bowie im Bayrischen Viertel, in der Wohnung von Tangerine-Dream-Gründer Edgar Froese. Dort machte er einen kalten Entzug. Später mietete er sich eine Sieben-Zimmer-Altbauwohnung in der Schöneberger Hauptstraße 155. Zusammen mit seinem Kumpel Iggy Pop tauchte Bowie tief ins Nachtleben der Mauerstadt ein. Es gibt Geschichten darüber, wie die beiden sich um den Transvestiten Romy Haag prügelten – in dessen Nacht-

klub verkehrten sie zusammen mit Udo Lindenberg, Lou Reed, Brian Ferry, Freddie Mercury und wie sie alle hießen –, wie er stundenlang im Brücke-Museum herumlungerte, wie Bowie im ersten offen schwulen Café „Das andere Ufer" saß und Kuchen löffelte.

Bowie selber nahm in dieser Zeit drei Alben auf, *Low*, *Heroes* und *Lodger*, beeinflusst von Krautrockbands wie Can, Neu! und Kraftwerk, spielte im letzten, leider furchtbar banalen Marlene-Dietrich-Film *Schöner Gigolo, armer Gigolo* mit, sprach das musikalische Kindermärchen *Peter und der Wolf* ein und produzierte die beiden Iggy-Pop-Alben *The Idiot* und *Lust For Life*. Noch 2013, auf dem Spätwerk *The Next Day*, bezog sich Bowie auf diese Zeit in der Mauerstadt, erinnerte sich an die Bösebrücke, das KaDeWe und das Café auf dem Wittenbergplatz (das mal dem Hitler-Bruder Alois gehört hat – ein weiterer Berlin-Mythos?).

GRÜSS GOTT! DADEN SIE UNS ZUM MARTIN-GROPIUS-BAU BRINGA, BITTSCHÖN.

HAUPT BAHNHOF

SIE WOLLEN ZUR DAVID-BOWIE-AUSSTELLUNG, WAS? DAS SEHE ICH DOCH AUF DEN ERSTEN BLICK! NA, MEINS IST DAS JA NICHT SO. ABER JEDEM PÄRCHEN SEIN PLÄSIERCHEN!

WUSSTEN SIE, DASS DER MAL IN BERLIN GEWOHNT HAT, DER BOWIE?

FREILICH, IN KREUZBERG, NED WAHR?

NEE, NEE, DA SIND SIE AUFM FALSCHEN HOLZWEG! DAS WAR IN SCHÖNEBERG IN DER HAUPTSTRASSE. DA HAT DER BOWIE SICH MIT IGGY POP EINE WOHNUNG GETEILT.

GAR NICHT GUT GING'S DEM DA, ZU VIELE DROGEN, ZU WENIG ESSEN UND DER RUHM WAR IHM AUCH ZU KOPF GESTIEGEN. UM AUF ANDERE GEDANKEN ZU KOMMEN, IST ER ÖFTER INS BRÜCKE-MUSEUM GEGANGEN UND HAT SICH GEMÄLDE ANGEGUCKT.

UND IGGY POP IST BEIM S-BAHN-FAHREN AUF DIE IDEE ZU EINEM NEUEN SONG GEKOMMEN.

... ICH BIN DER PASSAGIER... UND ICH FAHR UND ICH FAHR...

DIE FIGUREN SIND ZERRISSEN... WIE ICH...

NICHT ÜBEL! SOLLTE ICH MAL DAVID VORSPIELEN...

WIE HEISST DENN NOCH GLEICH SEIN BEKANNTESTES LIED?

WELCHES VON DEN VIELEN MEINENS DENN?

NA, DAS, WAS ER AUCH AUF DEUTSCH GESUNGEN HAT.

JA, MEI: "HELDEN", NATÜRLICH!

GENAU! DAS HAT ER IN DER KÖTHENER STRASSE IM HANSA STUDIO GESCHRIEBEN. DA KANN ICH SIE HINBRINGEN, WENN SIE MÖCHTEN, IST NICHT WEIT.

NA, FREI-LICH!

DAMALS LAG DAS STUDIO DIREKT AN DER MAUER UND VON IHREM FENSTER KONNTEN DIE MUSIKER...

... AUF EINEN DER WACHTÜRME SCHAUEN...

DER SOUND IST PERFEKT! SCHON FAST PATHETISCH.

JETZT MUSST DU NOCH EINEN PASSENDEN TEXT DAZU SCHREIBEN, DAVID!

NUN GUT, SOLLTE NICHT SCHWER SEIN FÜR JEMANDEN WIE MICH!

DIE MUSIK KLINGT ALSO HEROISCH... ALSO ETWAS MIT HELDEN... HMMMM...

GAR NICHT SO EINFACH...

WARUM IN ALLER WELT SUCHEN SIE SICH DIESEN PLATZ AUS FÜR IHR TÊTE-À-TÊTE? VIELLEICHT IST ES EINE HEIMLICHE AFFÄRE UND SIE SUCHEN SCHUTZ IM SCHATTEN DER MAUER...

ODER SIE GENIESSEN EINFACH NUR DAS LEBEN, TROTZ DER WIDRIGEN UMSTÄNDE, TROTZ DER MAUER... SIE SIND HELDEN... WIE ICH...

WÄHRENDDESSEN IN DER HAUPTSTRASSE 155:

WANN DAVID WOHL ZURÜCKKOMMT? WILL IHM DOCH MEINEN SONG VORSPIELEN... ERST MAL WAS ESSEN...

DAS IST EINE VERSION DER GESCHICHTE, ABER MANCHE SAGEN AUCH, DASS DAS LIED AUF ETWAS GANZ ANDEREM BERUHTE.

DER BOWIE HATTE NÄMLICH IM BRÜCKE-MUSEUM EIN GANZ BESONDERES GEMÄLDE ZU SEINEM LIEBLINGSBILD AUSERKOREN.

DIE FIGUREN KÜSSEN SICH... UMGEBEN VON EINER MÄCHTIGEN MAUER... EINER GRENZE... DIE LIEBENDEN SIND HELDEN... WIE HIER IN BERLIN... WIE ICH UND ROMY...

FIL

DA SCHAUENS HER! UND WIE WAR DAS DENN JETZA NOCHAMAL MIT DEM IGGY UND DEM BOWIE?

OH, DEN HAT DER BOWIE IRGENDWANN AUS DER WOHNUNG GESCHMISSEN.

DEIN LIED INTERESSIERT MICH NICHT, IGGY! DU HAST ALLE MEINE KRABBENCRÊPES AUFGEFUTTERT!

SORRY... WAR NIX ANDERES MEHR DA...

ICH HATTE DIE AUS DEM KADEWE, DIE WAREN NICHT BILLIG! ICH MACH DAS NICHT MEHR MIT!!!

RECHT SCHÖNEN DANK FÜR DIE TOUR

ABER GERNE. ES WAR MIR EINE FREUDE.

UND IN MINGA* SAGEN DIE ALLAWEIL, DIE BERLINER TAXIFAHRER WÄREN SO UNFREUNDLICH...

*MÜNCHEN

WAT SIND'N DIT FÜR HELDEN DA...?

Hauptstrasse

155

Tattoo

JA, ABER SAG, LUDWIG, WOLLTEN WIR NICHT THEORETISCH ZU DERA AUSSTELLUNG?

Ende

# Elektrokohle

Mit den Einstürzenden Neubauten konnte ich nie etwas anfangen. Zum einen lag das daran, dass ich Stammkunde im legendären „Risiko" war und bei meiner Bestellung oft genug an der unfreundlichen Arroganz des Barkeepers Christian Emmerich alias Blixa Bargeld scheiterte. Zum anderen hielt ich die Neubauten schon immer für eine übergeschnappte Gymnasiastenband.

Egal, Reinhard (unter uns: Er ist nur zugewanderter Berliner) hält sie für wichtig und widmet ihnen eine Story. Der Ort ist halt interessant. Und der Zeitpunkt des Konzerts. Wo heute ein vietnamesisches Einkaufszentrum ist, von der Polizei misstrauisch beäugt (Stichwort: Zigarettenschmuggler), vom Gesundheitsamt ständig bedroht (Stichwort: Hygiene), da war mal der VEB Elektrokohle, ein geschichtsträchtiger Traditionsbetrieb, der Kohlebürsten, Bogenlichtlampen, Stromabnehmer und Elektroden produzierte. Das zweistöckige Kulturhaus wurde 1950 vom DDR-Ministerpräsidenten Otto Grotewohl persön-

lich eingeweiht. Und der Arbeiter Hans Garbe, dessen Geschichte Reinhard zu Beginn erzählt, war einer der ersten DDR-„Helden der Arbeit". Mit seinem auf Garbe beruhenden Stück *Der Lohndrücker* übte Heiner Müller subtile Kritik an der Politik der SED.

ZUM BER-LINER ENSEMBLE, BITTE. WISSEN SIE, WO DAS IST?

AUCH WENN ICH NICHT SO AUS-SEHE, ICH WEISS GENAU, WO DAS IST. WAS GIBT ES DENN? BRECHT? GORKI?

NEIN, HEINER MÜLLER. EIN ALTES STÜCK VON IHM, "DER LOHNDRÜCKER".

ACH, WIRKLICH? WUSSTEN SIE, DASS DIESES STÜCK AUF EINER TATSÄCH-LICHEN PERSON BERUHT?

NEIN, ABER SIE MACHEN DEN EINDRUCK, ALS WÜRDEN SIE DARAUF BRENNEN, MIR DAVON ZU ERZÄHLEN.

WIE KOMMEN SIE DENN DARAUF? NUN, HANS GARBE HIESS DER MANN UND ER HAT NACH DEM KRIEG IM VEB ELEKTROKOHLE IN LICHTEN-BERG GEAR-BEITET.

DORT WURDEN DIESE DINGER AUS KOHLE HERGESTELLT, DIE MAN FÜR ELEKTROGERÄTE BRAUCHT.

HANS GARBE WAR GLÜHEN-DER SOZIALIST.

IM WAHRSTEN SINNE DES WORTES!

DAS SCHAFFEN WIR AUCH, OHNE DIE PRODUKTION ZU STOPPEN.

EINES TAGES HAT DIESER GARBE ES FERTIGGEBRACHT, EINEN DER HAUPT-ÖFEN BEI LAUFEN-DEM BETRIEB ZU REPARIEREN. UN-VORSTELLBAR! IN DEM OFEN HERRSCH-TEN 1000 GRAD HITZE UND DER KERL IST EINFACH REINGEKLETTERT.

ICK HÄTT'S NICH FÜR MÖGLICH GE-HALTEN, ABER DER GARBE HAT'S TAT-SÄCHLICH GE-SCHAFFT.

NA, WENN WIR DADURCH AM ENDE MA' NICH MEHR ARBEIT HAM.

SIE SIND EIN WAHRER HELD DER ARBEIT, GENOSSE GARBE!

LASSEN SIE VERMELDEN, DASS WIR DEN PLAN ZU 250 PROZENT ÜBERERFÜLLEN WERDEN.

WIE SCHÖN! PLAN ZU 300 PROZENT ÜBERERFÜLLT.

DER PLAN IST ZU 400 PROZENT ÜBERERFÜLLT!

UND DESHALB ZIEHEN WIR DIE PRODUKTION AN!!!

DEM VERDIENTEN HELDEN DER ARBEIT WURDE DIE EHRE ZUTEIL, DEN GRUNDSTEIN FÜR DAS FREIZEITHEIM DES VEB ELEKTROKOHLE, DIE "WILHELM-PIECK-HALLE", ZU LEGEN.

WIR WOLLEN DOCH EINMAL SO WEIT KOMMEN, DASS WIR NICHT MEHR ACHT STUNDEN ZU ARBEITEN BRAUCHEN. DANN GEHEN WIR INS KULTURHEIM UND INS THEATER.

SCHÖNEN DANK, "GENOSSE"!

DANK DEINES EINSATZES FÜRS VOLK DÜRFEN WIR JETZT DOPPELT SCHUFTEN.

LASS DICH HIER NOCH MAL BLICKEN, UND WIR SCHLAGEN DICH GRÜN UND BLAU!

ABER... ICH WOLLTE DOCH NUR EINE BESSERE WELT FÜR UNS ALLE...

DER HATTE KEIN LEICHTES LEBEN. OBWOHL ER ETWAS GUTES FÜR DIE ARBEITER WOLLTE, HABEN SIE ES IHM NICHT GEDANKT. WER ANDEREN ETWAS GUTES TUT, FÄLLT SELBER REIN. DAS HAT DEN ALTEN BRECHT INTERESSIERT. ABER LETZTEN ENDES HAT ES DANN DER HEINER MÜLLER GESCHRIEBEN.

ABER WENN SIE WISSEN MÖCHTEN, WAS ES MIT DER "WILHELM-PIECK-HALLE" NOCH AUF SICH HATTE, HOLE ICH SIE GERNE NACH DEM THEATER WIEDER AB. DAS IST NÄMLICH HÖCHST INTERESSANT! HIER IST MEINE KARTE.

WAS ICH FÜR DIE LEUTE RAUSHOLE, EINEN GUTEN STUNDENLOHN, HAST DU VERSAUT...

WAS WOHL AUS DEM GARBE GEWORDEN IST?

DA BIN ICH ÜBERFRAGT. ICH HÄTTE AUCH GERN GEWUSST, WAS ER VON DEM THEATERSTÜCK GEHALTEN HAT.

NUN, WIE WAR DIE AUF-FÜHRUNG?

OHNE IHRE ER-ZÄHLUNG HÄTTE ICH NICHT VIEL VERSTANDEN. ES WAR SEHR MODERN IN-SZENIERT.

DIESER OFEN, VON DEM SIE GE-SPROCHEN HABEN, WAR ALS ÜBER-GROSSES HANDY DARGESTELLT.

DIESES MODERNE THEATER IST NICHTS FÜR MICH! ABER MIT DEM AUTOR DES STÜCKES GEHT MEINE GESCHICHTE JA NOCH WEI-TER: KURZ VOR DEM ENDE DER DDR GAB ES EIN DENK-WÜRDIGES ROCKMUSIK-KONZERT IN DER WILHELM-PIECK-HALLE.

HABEN SIE SCHON MAL VON DEN "EINFALLEN-DEN NEUREICHEN" GEHÖRT?

SIE MEINEN DIE "EINSTÜR-ZENDEN NEU-BAUTEN"?

WIE AUCH IMMER, IN DIE WEGE GELEITET HAT DAS GE-NAU DER HEINER MÜLLER! VOR DEM KONZERT HIELT ER EINE REDE ZUR POLITISCHEN LAGE.

DIE DDR WAR JA ZU DIESEM ZEITPUNKT SCHON AM AUS-EINANDERFALLEN UND DIE SPANNUNG LAG FÖRMLICH IN DER LUFT. UND DANN KAM DIESE BIZARRE BAND AUS DEM WESTEN AUF DIE BÜHNE!

DAS HAUS, DAS GAR-BE DEM SOZIALISMUS ERRICHTET HATTE, WURDE FÜR EINEN ABEND ZUR BÜHNE FÜR EINEN ABGESANG AUF DAS SYSTEM.

... DIE BLINDEN, DIE GLAUBEN, WAS SIE SEHEN,... UND DIE TAUBEN, DIE GLAUBEN, WAS SIE HÖREN,...

DIE JUNGS MÜSSEN SIE MAL NACH FRANKREICH EINLADEN!

ISCH WERDE FRAGEN DIE GOETHE-INS-TITUTE,...

EINE DELEGATION AUS FRANKREICH WAR AN DEM TAG ZU GESPRÄCHEN IN OSTBERLIN UND MÜLLER LUD SIE ZU DEM KONZERT EIN. DEN ABEND WIRD NIEMAND SO SCHNELL VER-GESSEN HABEN.

VIKTORIA-PARK
KREUZBERG          15
DUDENSTR.

HASENHEIDE   HERMANN-
                PLATZ
VOLKSPARK
HASENHEIDE           KARL-MARX-STR.   SON

HERMANNSTR.

9

TEMPELHOFER FELD                    N E

# Onkel Wackelflügel

Berlin und seine Flughäfen (ja, es gab mehrere, ich komme auf sieben), das ist ein Kapitel für sich. Um Tempelhof etwa ranken sich unfassbare Legenden. Selbst Leute, die das Terrain eigentlich kennen sollten, verbreiten die Geschichte vom komplett untertunnelten Feld. Angeblich gibt es unterirdisch riesige Hallen, in denen zu Kriegszeiten Sturzbomber produziert wurden und die heute noch tonnenweise Munition bergen sollen. Das ist alles ziemlicher Quatsch, allerdings mit einem wahren Kern. Ja, auf dem Gelände gab es im Krieg ein Gefangenenlager, in dem Flugzeuge montiert wurden. Die Überbleibsel davon kann man sogar auf Google Earth erkennen, in Form eines Schmalspurgleises, das im Nordosten ungefähr auf Höhe der Golßener Straße beginnt, dann unter das Gebäude geführt wird (hier waren auch die Fertigungsstätten), auf Höhe der Paradestraße wieder nach oben kommt und sich parallel zur S-Bahn weiterzieht.

Wahr ist auch die Geschichte vom Onkel Wackelflügel. Die Luftbrückenpiloten waren Volkshelden und das Denkmal am Platz der Luftbrücke, vom Berliner gerne „Hungerforke" genannt, erinnert an die Toten, die dieser bewundernswerte militärische Coup gekostet hat. Zum 50. Gedenktag konnte ein Freund und Kollege von mir in einem Rosinenbomber von London nach Berlin fliegen – und füllte dabei drei Kotztüten. Bereits über Belgien gingen die Piloten auf eine Flughöhe von 300 Metern hinunter, was zur Folge hatte, dass man jeden Windstoß spürt. Es ist kalt, es ist laut, es ist eine Aufgabe für Menschen ohne Nerven.

HALLO TAXI! FAHREN SIE UNS DOCH BITTE ZUM TEMPELHOFER FELD.

HAT DIR DEIN PAPA DENN AUCH ERZÄHLT, WAS AUF DEM TEMPELHOFER FELD MAL LOS WAR?

HMMMM, NEIN...

IST DAS NICHT EINS DER GRÖSSTEN GEBÄUDE DER WELT?

GRÖSSE SCHÜTZT VOR DUMMHEIT NICHT! WISSEN SIE DENN NICHT, WAS DIE ROSINENBOMBER WAREN?

WIR SIND ERST VOR KURZEM VON STUTTGART NACH BERLIN GEZOGEN.

NA, DAS WAR JA KLAR GEWESEN! DANN LERNEN SIE JA AUCH NOCH WAS. ALSO...

BERLIN

AMERIKANISCH
BRITISCH
FRANZÖSISCH
SOWJETISCH

TEMPELHOF

NACH DEM ENDE DES ZWEITEN WELTKRIEGS TRATEN DIE SPANNUNGEN ZWISCHEN DEN SIEGERMÄCHTEN RASCH IMMER OFFENER ZU TAGE. DIE SOWJETS RIEGELTEN 1948 SCHLIESSLICH DEN WESTLICHEN TEIL BERLINS AB, DER NUN WIE EINE INSEL IN IHRER BESATZUNGSZONE LAG.

DAMIT DIE DORTIGE BEVÖLKERUNG NICHT HUNGER LITT, RICHTETEN DIE WESTLICHEN MÄCHTE EINE VERSORGUNGSBRÜCKE MIT FLUGZEUGEN EIN.

PILOT HALVORSEN!

ICH SAGE ES MAL SO: WIR MÜSSEN RUND ZWEI MILLIONEN TONNEN LEBENSMITTEL UND KOHLE NACH BERLIN SCHAFFEN. DAS BINDET UNSERE SÄMTLICHEN KAPAZITÄTEN.

ICH WEISS, HERR GENERAL, ABER DIE KINDER ...

AUS DIESEM GRUND BEKOMMEN SIE AB SOFORT ZWEI DEUTSCHE SEKRETÄRINNEN AN DIE SEITE GESTELLT. SIE SOLLEN IHNEN HELFEN, ALL DIE POST VON DEN DEUTSCHEN KINDERN ZU BEANTWORTEN.

DIE OPERATION MUSS AUF DIE GANZE STADT AUSGEWEITET WERDEN.

DAS... DAS IST JA GROSSARTIG!

DANK IHRER INITIATIVE WURDE DAS ANSEHEN DER US-STREIKRÄFTE IN BERLIN UND GANZ DEUTSCHLAND ENORM GESTÄRKT.

AUS ALLER HERREN LÄNDER TRAFEN GESPENDETE SÜSSIGKEITEN EIN, AUS DEN USA SCHICKTEN SCHULEN NEUE FALLSCHIRME UND VERPACKUNGSMATERIAL, IN MASSACHUSETTS WURDE IN EINEM FEUERWEHRHAUS...

... EINE SAMMELSTELLE EINGERICHTET. AB JANUAR 1949 GINGEN VON DORT AUS ALLE ZWEI TAGE 360 KILOGRAMM NASCHWAREN NACH DEUTSCHLAND.

DIE BLOCKADE SOLLTE IRGENDWANN VORBEIGEHEN, DOCH DIE ERINNERUNG AN DIE ROSINENBOMBER UND DIE VOM HIMMEL SCHWEBENDEN SÜSSIGKEITEN BLIEB IN DEN HERZEN DER BERLINER LEBENDIG.

DER PILOT GAIL HALVORSEN HATTE DEN KINDERN DER EINGESCHLOSSENEN STADT GEZEIGT, DASS SIE NICHT ALLEIN WAREN.

Ende

# Der Hauptstadtflughafen

VOLKSPARK        ESTR. WEDDING

Zum neuen Hauptstadtflughafen BER möchte man als Berliner eigentlich nichts sagen, das ist echt zu peinlich. Ich persönlich bin allerdings davon überzeugt, dass die Hauptschuld an dem ganzen Desaster bei Brandenburg liegt. DIE wollten einen Riesenbauplatz ohne Generalunternehmer und darum auch ohne Verantwortlichen.

BERLIN, 2064

SIE HABEN MIR EINE NACHRICHT GESCHICKT, DASS SIE EIN TAXI BRAUCHEN?

HM...

GUTEN TAG, DER HERR! ES SOLL ZUM ZENTRALEN FLUGHAFEN GEHEN?

HM...

DAS GEHT AB WIE EINE GEÖLTE KATZE!

WUSSTEN SIE EIGENTLICH, DASS ES IN BERLIN EINMAL DIE IDEE GAB, EINEN NEUEN GROSSEN FLUGHAFEN ZU BAUEN? WITZIGE GESCHICHTE! WOLLEN SIE HÖREN?

HM...

ALSO, DAS KAM SO...

HUCH, WIR SIND SCHON DA!

DIESE NEUEN FLUGAUTOS SIND EINFACH ZU SCHNELL, DA KOMMT MAN GAR NICHT MEHR DAZU, SEINE GESCHICHTE ZU ERZÄHLEN.

Ende

# Der Flugplatzhund

*Fliegerschule RUMPLER*

Die Geschichte um den Flughafenhund Pilot von Johannisthal ist eine meiner liebsten in diesem Band und sie ist komplett wahr, wenn auch mit einer erfundenen Pointe. Der graue Collie gehörte Otto Wiener, dem Direktor der nahe gelegenen Albatros-Werke; er war der Liebling aller Piloten und starb tragisch durch einen Propeller, der ihm den Schädel spaltete. Collies sind nun mal nicht die hellsten Hunderassen. Auch Franz Tolinskis „Fliegerheim" gab es, das im Lauf der Zeit sogar zu einem privat geführten aviatischen Museum wurde. Rund um den Flugplatz Johannisthal entstanden mehrere Restaurants, darunter die Kneipe vom „Dicken Toppens" und das Restaurant Meinicke, das legendär schlechten Kaffee kredenzte. Schnell wurde Johannisthal zu einem beliebten Ausflugsort für die gelangweilten Berliner.

Alles andere ist erfunden. Aber es ist auch eine Tatsache, dass der Flugplatz Johannisthal eine veritable Todesfalle war.

HALLO ALEYNA, MEINE SONNE, WIE WAR DEIN TAG?

BRINGST DU LALEHAN INS BETT? SIE WARTET SCHON SEIT EINER STUNDE AUF DICH, DAMIT DU IHR NOCH EINE...

... GUTE-NACHT-GESCHICHTE ERZÄHLST.

MEIN ENGEL, DU BIST JA NOCH WACH! HAST DU AUF MICH GEWARTET?

PAPA! ERZÄHLST DU MIR WIEDER, WO DU HEUTE ÜBERALL GEWESEN BIST?

HEUTE HAB ICH EINE FAHRT ZU EINEM ALTEN FLUGPLATZ GEMACHT. DAS WAR GANZ WEIT IM OSTEN, IN JOHANNISTHAL.

DER FLUGPLATZ IST SCHON LANGE NICHT MEHR IN BETRIEB.

ABER FRÜHER SIND DORT ALLE MÖGLICHEN FLUGZEUGE GESTARTET, UND ES WURDEN SOGAR WELCHE GEBAUT.

ALBATROSWERKE

DORT LEBTE EINMAL EIN GROSSER HUND, DEN ALLE "PILOT" NANNTEN. DAS PASSTE AUCH GUT, DENN ER WAR DER LIEBLING ALLER FLIEGER.

DER FLUGPLATZ WURDE 1909 ERÖFFNET. DIE GROSSE ATTRAKTION WAREN DIE REGELMÄSSIGEN FLUGSCHAUEN.

VIELE BESUCHER KAMEN, WEIL SIE INSGEHEIM HOFFTEN, EINEN UNFALL SEHEN ZU KÖNNEN.

HOPPLA!

IN DEN ALBATROSWERKEN WURDEN VIELE FLUGZEUGE GEBAUT, AUCH FÜR DAS MILITÄR, WEIL NÄMLICH...

SAGEN SIE, BRAUCHEN SIE DAS NOCH?

JA, JA, SCHON GUT, PAPA. ABER WAS IST JETZT MIT DEM HUND?

ENTSCHULDIGE. ALSO, DER HUND GEHÖRTE DEM DIREKTOR OTTO WIENER UND JEDER KANNTE UND LIEBTE IHN.

IMMER WENN EIN FLUGZEUG STARTETE, IST DER HUND IHM MIT VIEL GEBELL VORANGELAUFEN...

Wuff Wuff

MAN SOLLTE DOCH ACHTGEBEN, DASS ER NICHT MAL IN EINEN PROPELLER HINEINLÄUFT.

ACH, DER PASST SCHON AUF!

UND WAS IST AUS DEM HUND GEWORDEN, PAPA?

DER HAT BIS ZU SEINEM ENDE FRIEDLICH AUF DEM FLUGPLATZ GEWOHNT UND DIE FLIEGER MIT SEINEM SCHWANZGEWEDEL BEGRÜSST.

DU HAST IHR DOCH HOFFENTLICH NICHT WIEDER EINE VON DEINEN BLUT-RÜNSTIGEN SPUK-GESCHICHTEN ERZÄHLT?

DAS WÜRDE ICH NIE TUN, ICH HASSE GRUSELMÄRCHEN! MEINE GESCHICHTEN SIND ALLE WAHR WIE KLOSSBRÜHE!

DU UND DEINE GE-SCHICHTEN!

DABEI HABE ICH DEN SCHLUSS WEGGELASSEN, DER IST WIRK-LICH SEHR TRAURIG.

ICH HABE IHR VON EINEM HUND ERZÄHLT, DER AUF EINEM FLUGPLATZ GE-WOHNT HAT.

WUFF

PILOT!!! WEG DA!

WUFF

DAS HÄTTE ICH IHR DOCH NICHT ERZÄHLEN KÖNNEN! UND AUCH NICHT, DASS DER ARME "PILOT" ALS AUSSTELLUNGSSTÜCK IN EINEM LOKAL GELANDET IST!

DA HAT DER KNEIPENBESITZER FRANZ TOLINSKI ALLE ERDENK-LICHEN DEVOTIONALIEN AUSGE-STELLT, DIE BEI ABSTÜRZEN VON FLUGZEUGEN ODER BALLO-NEN ANGEFALLEN SIND.

DAS SCHÖNSTE STÜCK MEINER SAMMLUNG: DER PROPELLER DER MASCHINE, MIT DER PAUL ENGEL-HARDT ABGE-SCHMIERT IST.

DIE KNEIPE GIBT ES IMMER NOCH, NUR OHNE ALL DIE SACHEN. DA BIN ICH LETZTENS NOCH DRAN VOR-BEIGEFAHREN.

SCHADE EIGENTLICH, DEN IN SPIRITUS EINGE-LEGTEN KOPF VON DEM ARMEN HUND HÄTTE ICH MIR GER-NE MAL ANGE-SEHEN...

DEINEN KOPF WERDEN SIE IRGENDWANN AUCH AUSSTELLEN, ALS MÄRCHENONKEL VON BERLIN!

Ende

# Das ganz große Ding

Dies dürfte wohl die erfolgreichste *Mythen*-Geschichte sein, denn wegen dieser Story erschien plötzlich noch einmal ein ganzer Schwung von Berichten über uns in der Presse.

Und alleine für dieses „über uns" müsste ich rote Ohren bekommen, denn *Das ganz große Ding* ist komplett auf Reinhards Mist gewachsen. Es ist aber auch eine tolle Story: Unbekannte Täter stahlen im Januar 2009 Schmuck im Wert von zwei Millionen Euro aus dem Berliner Luxuskaufhaus KaDeWe. Und die Beweismittel, die am Tatort zurückblieben, kann die Staatsanwaltschaft nicht auswerten. Die DNA-Spuren an einem der gefundenen Handschuhe gehören zu einem einschlägig vorbestraften Zwillingspärchen – Mitglieder einer bekannten libanesischen Großfamilie (die ihr Berliner Hauptquartier übrigens in der Neuköllner Uthmannstraße hat, wo Volker Schlöndorff 1978 Teile der *Blechtrommel* drehte). Mit den gesetzlich erlaubten Methoden jedenfalls lassen sich die

Spuren nicht zuordnen. Das macht diesen Fall in der deutschen Kriminalgeschichte einzigartig.

Ein bisschen Zeit hat die Polizei für ihre Ermittlungen allerdings noch: Der Einbruch verjährt erst 2019.

JANUAR 2009

VER-
DAMMT!

WAS
IST?

IST
DOCH
WURSCHT!

ICH HAB
EINEN HAND-
SCHUH VER-
LOREN...

DU WEISST
DOCH, ALTER,
UNS KANN NICHTS
PASSIEREN...

DIE DIEBE KONNTEN NIE GEFASST WERDEN, TROTZ DES ZURÜCKGELASSENEN HANDSCHUHS.

AHA... UND WARUM DAS?

JA, GENAU, WARUM DAS ...?

DER FÜHRTE DIE POLIZEI ZWAR DIREKT ZU DEN TÄTERN, ABER DAMIT FING DIE POSSE ERST AN!

DEN HANDSCHUH HABEN DIE POLIZISTEN, DIE AM NÄCHSTEN TAG DEN TATORT IM KADEWE UNTERSUCHTEN, SOFORT GEFUNDEN.

LASSEN SIE DAS BEWEISSTÜCK AUF DNA-SPUREN UNTERSUCHEN.

MIT DEN SPUREN HABEN WIR DIE TÄTER IM HANDUMDREHEN! UND WIEDER EINEN FALL GELÖST!

BINGO! DIE DNA-SPUREN PASSEN AUF EINEN TÄTER, DER SCHON VORBESTRAFT IST. ES GIBT NUR EIN KLEINES PROBLEM... ER HAT EINEN EINEIIGEN ZWILLING!

SEIT WANN KOMMT MAN REIN, OHNE ANZUKLOPFEN?!

DAMIT BEFASSEN WIR UNS SPÄTER. LASSEN SIE EINEN HAFTBEFEHL AUSSTELLEN! UND ZWAR AUF BEIDE!

STELL DIR VOR ...

... ZU ALLEM ÜBERFLUSS SIND DAS AUCH NOCH LIBANESEN! UND WOHNEN IRGENDWO BEI BREMEN. DAS IST JA PRAKTISCH SCHON AUSLAND!

SCHATZ, ICH WÜRDE SEHR GERNE SCHLAFEN...

DIE ERMITTELNDEN POLIZISTEN MACH-
TEN SICH ALSO AUF ZUR BEFRAGUNG
NACH ROTENBURG AN DER WÜMME.

"DIE HATTEN SCHON SPIEL-
SCHULDEN, ABER SOO VIEL
WAR DAS NICHT..."

"ALSO EIGENTLICH WAREN
DAS IMMER GANZ FREUNDLICHE
NACHBARN. ABER ARBEITEN
GEHEN WAR NICHT SO IHRS..."

"ICH GLAUB, DA GAB ES NOCH
'NEN DRITTEN. DIE BEIDEN
WAREN DOCH DUMM WIE DREI
METER FELDWEG..."

"WENN EINER DER KOPF WAR,
DANN DER ABBAS, DER HAT
MEHR DRAUF. WIR SIND TROTZ-
DEM GETRENNT..."

"WIR HATTEN FERNSEH
GEGLOTZT UND DA WAR
IN DEN NACHRICHTEN WAS
ÜBER DEN RAUB..."

"... UND WIR SO, EY, WAS
WÜRDST'N MIT FÜNF MILLION
MACHEN, UND DA HAT DER
ABBAS SO KOMISCH GEGUCKT
UND NIX MEHR GESAGT."

"DIE KONNTE MAN KAUM AUS-
EINANDERHALTEN. DER HASSAN
HATTE SO 'NE NARBE AN DER
AUGENBRAUE UND DER ABBAS
HAT SICH DANN AN DER STELLE
DIE HAARE AUSGEZUPFT,
DAMIT ER AUCH SO WAS HAT."

"DIE HABEN SICH DOCH ÖFTER
FÜR DEN ANDEREN AUSGEGEBEN.
ZUM BEISPIEL BEI BEHÖRDEN-
TERMINEN. ODER ALS DER
HASSAN MAL ZU GEMEINNÜTZI-
GER ARBEIT VERURTEILT
WORDEN IST."

DEM HAFTRICHTER
WAREN DIE ERGEBNISSE
DANN AUCH NICHT AUS-
REICHEND GENUG.

IST DAS
ETWA ALLES?
WIR BRAU-
CHEN STICH-
HALTIGE
BEWEISE!

ES IST
ERWIESEN, DASS
ZUMINDEST EINER DER
BEIDEN AN DEM RAUB
BETEILIGT WAR

ABER
WELCHER DER
BEIDEN!?!
DAS ZÄHLT!

LASSEN SIE SICH
ERST WIEDER
BLICKEN, WENN
SIE MEHR HABEN,
MEINE HERREN!

DAS KANN
DOCH NICHT SO
SCHWER SEIN!

WER-
DEN BEIDE
VERURTEILT,
SITZT EINER
UNSCHULDIG
IM KNAST.

UND DAS IST IN
EINEM RECHTS-
STAAT WIE UN-
SEREM NICHT
DENKBAR.

IN DUBIO PRO
REO. DAS HEISST:
IM ZWEIFEL FÜR
DEN ANGESTELLTEN!

DIE BEIDEN VERDÄCHTIGTEN BRÜDER WURDEN NACH FÜNF WOCHEN AUS DER HAFT ENTLASSEN.

DAS IST 'NE GANZ GEMEINE INTRIGE!

WAR ECHT HART, DIE HABEN UNS DIE GANZE ZEIT GETRENNT.

DAMIT SIE UNS NICHT VERWECHSELN!

ES WERDEN DOCH NICHT ZUM ERSTEN MAL ZWILLINGE ZUR TATAUSFÜHRUNG VORGESCHICKT!

WIR SIND ZUM GESPÖTT DER ÖFFENTLICHKEIT GEWORDEN.

BLÄÄAH!

DAS VERFAHREN IST INZWISCHEN EINGESTELLT. DER SCHMUCK UND DIE UHREN BLEIBEN VERSCHWUNDEN, SIND WAHRSCHEINLICH LÄNGST EINGESCHMOLZEN ODER VERTICKT.

WO HABT IHR DIE PENUNZE DENN VERGRABEN, IHR GANGSTER?

NA, HABT IHR WIEDER EIN DING AM LAUFEN?

EINE VERJÄHRUNG TRITT ERST IN ACHT JAHREN EIN. WÄRE DOCH GELACHT, WENN WIR BIS DAHIN NICHT EINE MÖGLICHKEIT GEFUNDEN HÄTTEN, DIESE ZWILLINGE DINGFEST ZU MACHEN!

ACHT JAHRE... SO LANGE HALTE ICH NICHT DURCH...

ICH HOFFE, ICH HABE SIE NICHT GELANGWEILT MIT MEINER GESCHICHTE!

DIE SAHEN SICH ABER AUCH ZUM VERWECHSELN ÄHNLICH!

TAXI

MOMENT MAL! DIE HABEN JA GAR NICHT BEZAHLT!!!

Ende

# Die Flucht

Diese Geschichte wurde uns von Beate A., einer Mit-
arbeiterin des *Tagesspiegel* erzählt, die inzwischen leider
verstorben ist. Reinhard hat sie in der Figur der Passa-
gierin kongenial porträtiert. Fluchtgeschichten wie diese
gibt es Tausende, aber es ist eine zutiefst persönliche
Geschichte geworden und genau das ist ja immer der
Gedanke hinter den *Mythen* gewesen: Geschichte ist
nichts, das einfach so passiert – aus'm Lameng, wie der
Berliner sagt –, Geschichte hat immer mit Menschen zu
tun. Sie hat Konsequenzen, mit denen man dann leben
muss. Und was gibt es auf dieser Welt Interessanteres als
andere Menschen, denen man zuhören darf? Das Berlin
meiner Kindheit war voll mit solchen Menschen und ihren
Geschichten, Geschichten von Flucht und Vertreibung,
von großer Angst und noch größerem Mut. Wie mutig
muss man sein, wenn man wie Beate als Jugendliche
seine ganze vertraute Welt hinter sich lässt, sich in eine
neue, fremde Welt stürzt und aus dem Nichts eine neue
Existenz aufbauen muss? Wer heute gegen Einwanderung
demonstriert, der hat diese Lektion nie gelernt oder –
noch schlimmer – sie mit Absicht vergessen.

Beate war eine ganz wunderbare Kollegin, die trotz
ihres schweren Schicksals – jedes Wort der tragischen
Familiengeschichte ist wahr – ein unfassbar fröhlicher
und lebensfroher Mensch war; ich werde ihren selbst
gemachten Eierlikör nie vergessen.

ICH HAB DANN DOCH EINEN AUSREISEANTRAG GESTELLT. MEIN VATER WAR AUSSER SICH! UND WIE ZU ERWARTEN, WURDE DER ANTRAG DANN AUCH ABGELEHNT.

BEATE!

JOCHEN! GING'S DIESMAL SCHNELL AM ÜBERGANG?

SCHAU, WAS ICH GEFUNDEN HABE.

Anzeige:
Haben Sie Probleme mit Ihren Verwandten in der DDR? Wir können helfen. Telefon: 030/685412...

ICH HAB SCHON MIT DENEN GESPROCHEN. DIE WOLLEN 5000 MARK VORAB UND DIE ANDERE HÄLFTE BEI GELINGEN.

DAS IST VIEL ZU TEUER. SO VIEL GELD KRIEG ICH NIE ZUSAMMEN.

PASS AUF, MEINE ELTERN STRECKEN UNS DAS VOR GLAUB MIR.

WARUM SOLLTEN DIE DAS TUN...?

DIE WOLLEN EINFACH NUR HELFEN, AUSSERDEM TUT DENEN DAS NICHT WEH, EHRLICH.

ALSO, WAS IST, WILLST DU ODER NICHT?

ICH HATTE NUR EINE WOCHE ZEIT, UM ALLES ZU REGELN. UND ZU HAUSE DURFTE NIEMAND MITBEKOMMEN, WAS ICH VORHATTE.

SEHT EUCH DAS AN. DA WOLLTEN SCHON WIEDER WELCHE RÜBERMACHEN.

ABER DIE KRIEGEN WIR ALLE!

ICH WERDE NIEMANDEN WIEDERSEHEN...

Ring

JA, ICH BIN ALLEIN... SCHON MORGEN?

ALSO GUT... TREFFPUNKT AM SOWJETISCHEN EHRENMAL...

ICH KONNTE NICHTS MIT-NEHMEN, UND VOR ANGST HABE ICH IN DER NACHT DAVOR KEIN AUGE ZUGEKRIEGT.

ICH GEHE MIT NINA INS KINO, UND DANN SCHLAF ICH WAHRSCHEIN-LICH BEI IHR.

VIEL SPASS EUCH BEIDEN.

TSCHÜSS ...

SIEHT FAST GENAUSO AUS WIE DAMALS, NUR WAR HIER NATÜRLICH KEIN BURGER KING.

WAS HABEN SIE DENN DA-MALS HIER GEMACHT?

HIER WARTETE DER FLUCHT-HELFER MIT SEINEM WAGEN. ICH MERKTE SCHNELL, DASS DER FAHRER FURCHTBAR NERVÖS WAR...

WILLSTE AUCH NOCH 'NEN SCHLUCK?

NEE, DANKE ...

ALSO LOS, STEIG DA REIN!

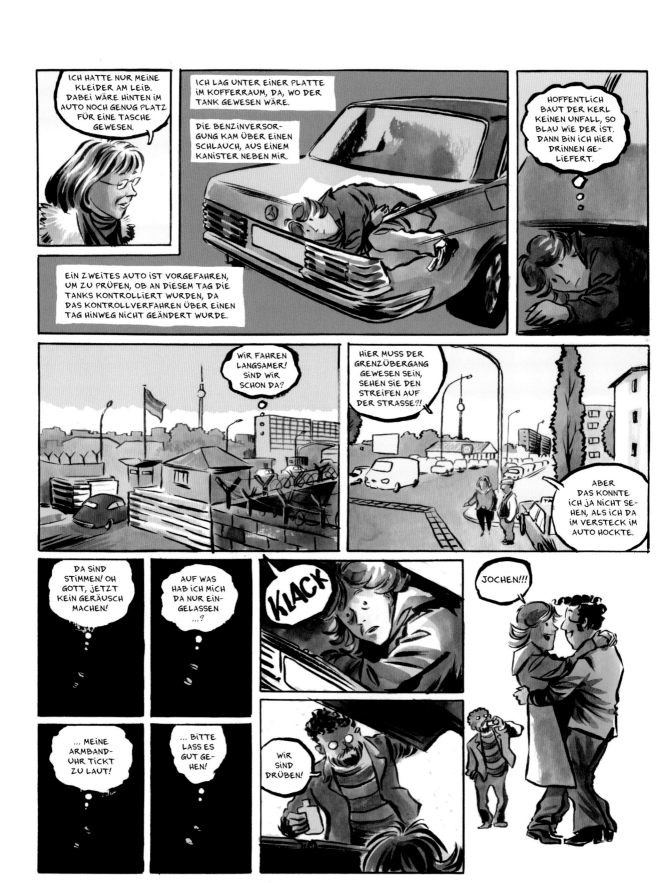

UND DANN SIND WIR ERST MAL IN EINE KNEIPE IN DER ORANIENSTRASSE GEGANGEN. EINEN HEBEN.

DER FLUCHT-HELFER, ICH WEISS NICHT MAL SEINEN NAMEN, HAT 'NEN UMSCHLAG GE-KRIEGT, UND WEG WAR ER.

ICH HAB BEI MEINEM FREUND GESCHLAFEN, IN EINEM STU-DENTENWOHNHEIM. MEINE ERSTE NACHT IM WESTEN! DANN HAB ICH MEINE TANTE IN DER DDR ANGERUFEN, VON DER WUSSTE ICH, DASS SIE AUF MEI-NER SEITE WAR.

DU MUSST ES DEN ELTERN SAGEN... ICH WEISS... VER-SUCH, ES BE-HUTSAM ZU MACHEN, WE-GEN VATER.

ICH SCHAU, WAS ICH MACHEN KANN, UND BEA...

JA?

HASTE GUT GE-MACHT ...

WAS HAT IHRE FAMILIE GESAGT?

DIE WAREN VOLLKOMMEN ÜBERRASCHT. MEIN BRUDER IST AUSGERASTET. MEINE MUTTER WAR NUR SEHR TRAURIG.

MEIN BRUDER HAT DANN SEINEN JOB BEI DER STASI VERLOREN. DER WAR JAHRELANG SO SAUER AUF MICH, DASS ER MICH AM LIEBSTEN UMGE-BRACHT HÄTTE. SEHEN SIE, WAS DIE MIT DEN FAMILIEN GEMACHT HABEN?

UND ALS MEIN VATER EIN HALBES JAHR SPÄTER GESTORBEN IST, DURFTE ICH NICHT ZUR TRAUERFEIER KOMMEN. ICH HAB DURCH BEKANNTE EINEN KRANZ HINLEGEN LASSEN, ABER ERST NACH DER BEERDIGUNG, DIE DURFTEN NICHT MIT-KRIEGEN, DASS DER VON MIR KAM.

DAS IST JETZT GENAU 40 JAHRE HER.

UND JETZT NOCH EINE LETZTE STATION.

Ende

# Das bestickte Kissen

Marlene hatte gar nicht so schöne Beine.

Das ist eine Information, die ich aus erster Hand habe: von ihrer Kostümnäherin bei der UFA. Das war nämlich meine Großtante Clara Lubinski, eine gelernte Schneiderin, die zwischen den Kriegen in Babelsberg arbeitete. Aber unkompliziert sei die in der Schöneberger Leberstraße (damals noch Sedanstraße) Aufgewachsene gewesen, ohne Attitüden und Arroganz.

Trotzdem ranken sich um Marlene Dietrich viele Legenden, und zu vielen trug sie selbst bei. „Fragen Sie mich nicht über die 20er-Jahre", herrschte sie in ihrem Porträtfilm den Regisseur Maximilian Schell an, „ich war in den 20er-Jahren überhaupt nichts." Immerhin wirkte sie bereits in dieser Zeit an 18 Stummfilmen mit, und nicht nur als Komparsin. Ihren Durchbruch hatte sie dann allerdings erst 1930 im zweiten deutschen Tonfilm, *Der blaue Engel*. Und das dürfte wohl auch an der rauchigen Stimme

gelegen haben, mit der sie *Ich bin von Kopf bis Fuß auf Liebe eingestellt* hauchte. Regisseur Josef von Sternberg, der wie Marlene vor den Nazis in die USA floh, inszenierte sie dort zu einem bisexuellen Sexsymbol.

Interessant übrigens, dass Marlene in den Briefen ihres Freundes Ernest Hemingway oft erwähnt wird – meist unter dem wenig freundlichen Spitznamen „The Kraut" – ; die Korrespondenz der beiden liegt aber immer noch unter Verschluss. Zu intim? Jedenfalls hat er ihr in seinem unvollendeten Roman *Inseln im Strom* ein Denkmal gesetzt: Marlene taucht hier als die letzte große Liebe eines amerikanischen Künstlers auf, die ihn über den Verlust seiner Söhne hinwegtröstet. Und der arme Erich Maria Remarque, den eine wilde und unglückliche Liebesgeschichte mit der Mitvertriebenen verband, musste erkennen, dass „Marlenes Drehzahl bei tausend Umdrehungen pro Minute liegt, während wir uns mit hundert begnügen".

ZUM CAFÉ EINSTEIN IN DER KURFÜRSTENSTRASSE, BITTE.

SCHON UNTERWEGS!

SUPER!

AH, DU BIST ES. JA, DREHBEGINN IST MORGEN UM NEUN...

SIE SIND WOHL VOM FILM, WAS?

HMMM...

DAS PASST JA WIE FAUST AUF EIMER! IN DEM HAUS, IN DEM SICH HEUTE DAS EINSTEIN BEFINDET, HAT MAL EIN FILMSTAR GEWOHNT. DIE HENNY PORTEN NÄMLICH!

WIE INTERESSANT... KENNE ICH NICHT.

NA, DAS IST ALLERDINGS EINE BILDUNGSLÜCKE, ABER EINEN ANDEREN STAR KENNEN SIE ZWEIFELLOS, UND BEIDER WEGE KREUZTEN SICH IN DIESEM HAUS.

NA, DANN SCHIESSEN SIE MAL LOS! KANN'S KAUM ERWARTEN...

HENNY PORTEN WAR IN DEN TAGEN DES STUMMFILMS EIN GANZ GROSSER STAR IN DEUTSCHLAND.

UND IHRE GLÜHENDSTE VEREHRERIN SOLLTE SPÄTER IN HOLLYWOOD GROSS RAUSKOMMEN!

SIE HAT SICH ALLE FILME DER PORTEN ANGESEHEN, MANCHE SECHSMAL HINTEREINANDER.

Henny Porten

UND WER SOLL DAS NUN GEWESEN SEIN?

DAS VERRATE ICH IHNEN NOCH NICHT. VIELLEICHT KOMMEN SIE JA SELBST DRAUF, SIE SIND DOCH VOM FACH!

DIE DAME HIESS DAMALS NOCH MARIE MAGDALENE...

... UND DIE BEWUNDERUNG FÜR IHR IDOL HENNY PORTEN GING SO WEIT, DASS SIE DIE GROSSE SCHAUSPIELERIN EINES ABENDS VOR DEREN HAUSTÜR ABPASSTE.

SIE MUSS DOCH MAL RAUSKOMMEN...

DA IST SIE JA!

FRAU PORTEN, ICH... ICH...

DA!

ICH... ICH HABE ES SELBST GEMACHT...

OH, DAS IST ABER LIEB. HERZLICHEN DANK. MÖCHTEN SIE EIN AUTOGRAMM?

NA, SO WAS! GANZ SCHÜCHTERN, DAS JUNGE DING!

WIE HÜBSCH!

UNSERE GLÜHENDE VEREHRERIN WAR ZU HENNY PORTENS GLANZTAGEN ZWANZIG JAHRE ALT UND MITGLIED EINES KLEINEN ORCHESTERS, DAS DIE STUMMFILME IM KINO BEGLEITETE. NEBENBEI VERSUCHTE SIE, KLEINE ROLLEN BEIM FILM ODER IM THEATER ZU BEKOMMEN.

MAN SAGT IHR JEDE MENGE AFFÄREN NACH ...

... SOWOHL MIT MÄNNERN ALS AUCH MIT FRAUEN.

ABER WENN SIE AN IHR GROSSES VORBILD DACHTE, WURDE SIE NERVÖS WIE EIN KLEINES MÄDCHEN.

EINMAL HAT SIE IHR SOGAR VOR DEM HAUS EIN STÄND-CHEN GEGEBEN.

SIE SIND JA GANZ VERFROREN, JUNGES FRÄULEIN! WIE KOMMEN SIE NUR DAZU, IM TIEFSTEN WINTER DRAUSSEN VIOLINE ZU SPIELEN?!

ABER SIE HABEN DOCH GEBURTSTAG, FRAU PORTEN ...

EINES TAGES FEIERTE WIEDER EIN NEUER FILM VON HENNY PORTEN IN DEN KINOS PREMIERE, UND UNSERE JUNGE FILMMUSI-KERIN DURFTE BEGLEITEN!

HERR KAPELLMEISTER, DÜRFTE ICH WOHL DEN PLATZ WECH-SELN, UM EINE GUTE SICHT ZU HABEN?

ICH WEISS DOCH, WIE GERN DU DIE PORTEN HAST! ABER VER-GEIG'S NICHT VOR LAUTER AUFREGUNG.

OH!

H.P.

DAS GANZE KINO MUSS IHREN ÜBER-RASCHTEN AUSRUF GEHÖRT HABEN!

DAS IST JA WIRKLICH EINE SCHÖNE GESCHICHTE. UND WER WAR DENN NUN DIESER ANGE-HENDE STAR?

DAS HABEN SIE NOCH NICHT ERRATEN?

NATÜRLICH KEINE GERINGERE ALS MARLENE DIETRICH!

LASST ALLES STEHEN UND LIEGEN, ICH HABE DEN STOFF FÜR DEN NÄCHSTEN FILM! BUCHT SCHON MAL IRIS BERBEN UND NINA HOSS!

Berlinale

Ende

# Anastasia

Auch die Geschichte der angeblichen Anastasia wurde
zum Stoff für Hollywood: 1956 mit Ingrid Bergman in
der Hauptrolle – auch sie ein Hemingway-Liebling. Doch
schon hier wurde am Ende des Filmes klar, dass Franziska
Schanzkowsky, die sich selbst Anna Anderson nannte, eine
Hochstaplerin war. Ob die Frau nun wirklich unter der
Wahnvorstellung gelitten hat, die überlebende Zarentochter zu sein, oder ob sie eine raffinierte Betrügerin war, das
kann freilich niemand mehr klären.

DRUSCHBA!

HOPPLA, WELCHER KARNEVALSPRINZ GIBT MIR DENN DA DIE EHRE?

NA, ZAR NIKOLAUS DER ZWEITE, HICKS! ... NATÜRLICH! DARF ICH VORSTELLEN...

... MEINE TOCHTER ANASTASIA!

IST DAS DENN AUCH DIE RICHTIGE ANASTASIA?

DAS WILL ICH DOCH HOFFEN!

DA GIBT'S DOCH DIE GESCHICHTE VON DIESER FRAU, DIE SICH ALS ANASTASIA AUSGAB.

ERZÄHLEN SIE, MANN, DANN GEHT DIE FAHRT SCHNELLER VORBEI.

WIR MÜSSEN SCHLIESSLICH NOCH BIS NACH SPANDAU IN UNSEREN ZARENPALAST...

ALSO GUT: DIE GESCHICHTE BEGANN UNWEIT VON HIER...

... AM TROSTLOSEN MORGEN DES 17. FEBRUAR 1920 AM LANDWEHRKANAL AUF DER VONDER-HEYDT-BRÜCKE.

DA... DA IST DOCH JEMAND INS WASSER GESPRUNGEN!

SIE SAGT KEIN WORT...

AUCH IHRE KLEIDUNG LÄSST KEINE RÜCK-SCHLÜSSE AUF IHRE IDENTITÄT ZU.

PAPIERE HAT SIE AUCH KEINE BEI SICH GEHABT.

SIE SCHEINT MIR AUF JEDEN FALL KEINE DEUTSCHE ZU SEIN...

... SCHAUEN SIE SICH NUR IHRE KAUKASISCHEN ZÜGE AN...

ABA KIEKEN SE DOCH MA', DIE SIEHT DOCH AUS WIE DIE TATJANA VONNER ZARENFAMILIE, DEN ROMANOWS...

ACH WAS, DIE SIND DOCH ALLE VON DEN BOLSCHEWIKEN ERSCHOSSEN WORDEN.

UND WENN EINIJE VONNER FAMILIE FLIEHEN UND HIERHER NACH BERLIN KOMMEN KONNTEN?

DIT IS DOCH IM BEREICH DES MÖGLICHEN, ODER NICH'?

ALSO WURDE EINE EHEMALIGE ZOFE VOM HOF DES ZAREN KONSULTIERT.

DAS IST EINDEUTIG NICHT DIE TATJANA. DIE WÜRDE ICH DOCH MIT VERBUNDENEN AUGEN ERKENNEN, GOTTHABSIESELIG, DAS ARME MÄDCHEN!

NA, DANN MUSS ES EBEN EINE ANDERE SEIN.

VIELLEICHT DIE ANASTASIA ...?

DANN SOLLTE SIE JA RUSSISCH VERSTEHEN: ЯВЛЯЮТСЯ ЛИ ОНИ ЦАРЯ ДОЧЬ ?

ANASTASIA...

DIE IST WAHRSCHEIN-LICH NOCH UNTER SCHOCK, NACH ALLEM, WAS SIE ERLEBT HAT, DAS ARME DING.

EINS STEHT FEST, RUS-SISCH SCHEINT SIE NICHT ZU VERSTEHEN.

DIE GESCHICHTE UM DIE VER-MEINTLICHE ZARENTOCHTER ZOG RASCH IHRE ERLAUCHTEN KREISE UND EIN GERICHT BE-SCHLOSS, DASS ES SICH BEI DER FRAU AUS DEM KANAL UM ANASTASIA HANDELN MUSSTE.

ABER JA, LIEBE FREUNDE...

SO ERZÄHLEN SIE DOCH VON IH-RER ABENTEUER-LICHEN FLUCHT, TEUERSTE!

NICHT ZULETZT WEIL IHR KÖRPER EINIGE VER-LETZUNGEN AUFWIES, DIE VON GEWEHREN HERRÜHREN KÖNNTEN.

IHR DEUTSCH IST JA GANZ FAMOS. ACH, DIESE ADLIGEN! SO GEBILDET!

ABER DASS SIE KEIN RUS-SISCH SPRICHT, IST SCHON SELT-SAM, TRAUMA HIN ODER HER.

ABER WENN ICH MICH JETZT NICHT AN SIE RANWANZE UND SIE ES DOCH IST, STEH ICH DUMM DA.

MÖCHTEN SIE NICHT DOCH NOCH EIN KISSEN FÜR IHREN RÜCKEN, EUER DURCH-LAUCHT?

ES WAR EINE DUNKLE UND STÜRMISCHE NACHT IN MOSKAU. ICH SPIELTE MIT MEINEN GESCHWISTERN, ALS PLÖTZLICH DIE BOLSCHEWIKEN IN DEN PALAST STÜRMTEN UND IHRE GEWEHRE AUF UNS RICHTETEN...

NEIN! DAS ARME DING!

NACHDEM MEINE GANZE FAMILIE NIE-DERGEMETZELT WORDEN WAR, GELANG ES MIR, SCHWER VER-LETZT MIT DER HILFE UNSERES DIENERS ZU ENTKOMMEN. WIR GELANGTEN NACH BERLIN, WO ICH EIN NEUES LEBEN UNTER FALSCHEM NAMEN BEGINNEN SOLLTE...

... DA DIE BOLSCHE-WISTISCHEN SCHERGEN MIR IMMER NOCH AUF DEN FERSEN SEIN KÖNNTEN. DOCH IM GEWIMMEL DER GROSSEN STADT VER-LOR ICH DEN DIENER AUS DEN AUGEN UND WUSSTE NICHT MEHR, WOHIN...

OH, NEIN! ARMES DING!

MACHEN SIE MIR DIE FREUDE UND NEHMEN SIE MEIN BESCHEIDENES ANGEBOT AN, EINE WEILE IN MEINEM PALAIS ZU VERBRINGEN STATT IN DIESEM HOS-PITAL.

SEH'N SE MAL HIER, FRAU WINGENDER, DIE ANASTASIA, 'N WUNDER...

ABER... ABER, DIT IS DOCH... DIE KENN ICK DOCH! DIT IS DOCH DIE SCHANZKOWSKY!

DIE HAT BEI MEINER MUTTER ZUR UNTERMIETE JEWOHNT, BIS SE UFF NIMMERWIEDERSEHN VERSCHWUNDEN IS', OHNE DIE MIETE ZU ZAHLEN!

*Berliner Illutrirte Zeitung*

ICK HAB'S DOCH VON AN-FANG AN JEWUSST, DASS DIE 'NE HOCH-STAPLERIN IS'... MIR KANN KEENER WAT VORMACHEN.

*Berliner Tageblatt*
*Vermeintliche Zarentochter als Hochstaplerin enttarnt.*

DAS SIND DOCH ALLES NUR LÜGEN-MÄRCHEN! DIESE PERSON WILL SICH NUR WICHTIG MACHEN!

MEINE ÜBERAUS ADELIGE VERWANDT-SCHAFT AUS AMERIKA MÖCHTE, DASS ICH IHNEN EINEN BESUCH ABSTATTE. WÄREN SIE WOHL SO LIEB UND ARRANGIERTEN MIR EIN BILLET FÜR EINE ÜBERFAHRT NACH NEW YORK? ES MUSS NICHT ERSTE KLASSE SEIN...

SO MANCHER AUFENTHALT IN PSYCHIATRISCHEN KLINIKEN, EIN VERLORENER PROZESS UM DAS ERBE DER ZARENFAMILIE ...

... UND GÖNNER, DIE SICH VON IHR ABWANDTEN, TATEN IHR ÜBRIGES, UND AUS DER VERMEINTLICHEN ZARENTOCHTER WURDE EINE VERRÜCKTE ALTE SCHACHTEL.

DOCH IMMER WIEDER FAND SICH JEMAND, DER FÜR SIE AUFKAM, OBWOHL IMMER NOCH KEIN WORT RUSSISCH ÜBER IHRE LIPPEN KAM.

SCHLIESSLICH ENDETE IHRE GESCHICHTE 1984, ALS SIE WIEDER EINMAL IN EINE KLINIK EINGELIEFERT WERDEN MUSSTE UND DORT AN EINER LUNGENENTZÜNDUNG STARB.

DOCH NIEMAND KONNTE MIT BESTIMMTHEIT SAGEN, WER DIE FRAU AUS DEM KANAL NUN WAR, BIS 1994 EINE GENANALYSE BEWIES...

... DASS ES SICH BEI DER DAME UM DIE FABRIKARBEITERIN FRANZISKA SCHANZKOWSKY HANDELTE, DEREN VERLETZUNGEN DURCH EINEN ARBEITSUNFALL IN DER MUNITIONSFABRIK VERURSACHT WURDEN, IN DER SIE TÄTIG WAR.

EIN KOMPLOTT DES KREML, VÖLLIG KLAR. DIE WOLLEN DAS ANDENKEN AN UNSERE ANASTASIA SCHMÄLERN.

DIE ÄRMSTE!

MANCHE LEUTE SEHEN DEN WALD VOR LAUTER STAMMBÄUMEN NICHT. MACHT KÖNIGLICHE 15,60 EURO.

UND WAS MACHEN WIR JETZT MIT DIR, DU KLEINE HOCHSTAPLERIN? DAS ZARENERBE KANNST DU DIR VON DER HÜBSCHEN BACKE SCHMINKEN! HICKS!!!

DIE ZARIN ZAHLT... ABER... ÄH... AUWEIA! WIR MÜSSEN NOCH MAL ZURÜCKFAHREN! WIR HABEN DA WOHL JEMANDEN VERGESSEN!

Ende

# Rukeli

GNEISENAUSTR.

VIKTORIA-PARK
KREUZBERG  (15)

DUDENSTR.

HASENHEIDE  HERMANN-
PLATZ

VOLKSPARK
HASENHEIDE  KARL-  SON.

Was würde ich dafür geben, Johann „Rukeli" Trollmann einmal boxen zu sehen! Aus den Beschreibungen der Fachpresse kann man vermuten, dass der Kampfstil des deutschen Sinto den von Sugar Ray Leonard oder sogar Muhammad Ali vorwegnahm: schnell, intelligent, immer in Bewegung, tänzelnd, auf einen Konter lauernd, geschmeidig und biegsam wie das Bäumchen, dem Rukeli seinen Kampfnamen verdankte.

In normalen Zeiten wäre er ein Weltstar des Sports geworden und hätte das Boxen revolutioniert. Doch so kämpfte kein „deutscher Mann", befand der im Juni 1933 bereits von Nazis durchsetzte Boxverband und erkannte ihm seinen Titel im Halbschwer- und Mittelgewicht ab. Einen Monat später bestritt Rukeli seinen letzten Profikampf: Mit blond gefärbtem Haar und weiß gepudertem Körper – die Karikatur eines arischen Kämpfers – stand er bewegungslos im Ring und ließ sich von Gustav Eder verdreschen.

Doch den Nazis entkam Rukeli trotzdem nur für einige Jahre. Er ließ sich sterilisieren und scheiden, damit seine Tochter nicht unter seiner Herkunft zu leiden hatte, er tauchte unter und kämpfte auf Jahrmärkten. 1940 wurde er eingezogen und an der Ostfront schwer verwundet. Wieder in der Heimat, wurde er 1942 verhaftet und kam ins KZ Neuengamme, wo er regelmäßig von SS-Leuten zum Kämpfen gezwungen und verprügelt wurde. Als er sich wehrte und einen Kapo niederstreckte, nahm sich dieser einen Knüppel und erschlug Trollmann.

Es dauerte 70 Jahre, bis sich der deutsche Boxverband dazu durchrang, Johann Trollmann wieder in die Liste der Deutschen Meister aufzunehmen. Heute ist eine Schulsporthalle nach ihm benannt und ganz in der Nähe steht eine mannshohe Tafel mit dem Bild dieses großen Kämpfers, der das Pech hatte, am falschen Ort und zur falschen Zeit zu leben.

WO SOLL'S DENN HIN-GEHEN?

IN DIE ORANIEN-STRASSE... ZUM RESTAURANT MAX UND MORITZ, KEN-NEN SIE DAS?

ABER NATÜRLICH, SIE MÖGEN DIE GUTE DEUTSCHE KÜCHE, WAS!?

WENN'S SCHMECKT! HEUTE GEHE ICH ABER NICHT ZUM ESSEN INS MAX UND MORITZ, SONDERN WEIL ICH DORT AUS MEINEM LETZTEN BUCH LESE.

EINE LESUNG? SIND SIE EIN AUTOR? ÜBER WAS SCHREIBEN SIE DENN?

ICH BIN COMICZEICHNER. IN MEINEM BUCH GEHT ES UM EINEN JÜDISCHEN BOXER, DER IN KONZENT-RATIONSLAGERN UM SEIN ÜBERLEBEN BOXEN MUSSTE

OH, DA GIBT ES DOCH DIE GESCHICHTE VON DIESEM TROLLMANN, DER WAR ALLERDINGS KEIN JUDE, SONDERN DER WAR EIN ROMA, SO HEISST DAS DOCH...

JOHANN TROLLMANN WURDE 1907 ALS SOHN EINER ROMA-FAMILIE IN DER NÄHE VON HANNOVER GEBOREN.

WEGEN SEINES ATHLETISCHEN KÖRPERBAUS GAB MAN IHM DEN NAMEN RUKELI, DAS BÄUMCHEN. SCHON MIT ACHT JAHREN STIEG ER DAS ERSTE MAL IN DEN RING.

IN DEN FOLGENDEN JAHREN MACHTE ER SICH EINEN NAMEN IN DER BOXSZENE UND UNTER DEN FRAUEN WAR ER ÄUSSERST BELIEBT.

IM RING TANZE ICH GENAUSO GUT WIE AUF DER TANZ-FLÄCHE...

SEIN ERFOLG WURDE IHM ZUM VERHÄNGNIS. DER NÄCHSTE KAMPF SOLLTE DIE ENTSCHEIDUNG BRINGEN.

DIE WERDEN SCHON NOCH SEHEN, WIE "DEUTSCH" ICH KÄMPFEN KANN.

WAS TUST DU?

HILF MIR, MEINE HAARE BLOND ZU FÄRBEN...

WIE SIEHT DER DENN AUS?

ICH WEISS NICHT, WAS DIESER AUFZUG ZU BEDEUTEN HAT, ABER FALLS SIE IHRE BOXLIZENZ...

... BEHALTEN WOLLEN, TROLLMANN, SOLLTEN SIE AUF IHREN UNDEUTSCHEN KAMPF-STIL VERZICHTEN. DAS HEISST:

KEINE SCHLÄGE AUS DER DISTANZ...

WAS FÜR EINE FARCE!

... KEIN ZIGEUNERHAFTES HERUMTÄNZELN...

... SONDERN EHRLICHES DEUTSCHES BOXEN!

DAS WAR DAS ENDE SEINER KARRIERE ALS PROFESSIONELLER BOXER. ER TRAT DANACH NUR NOCH AUF RUMMELPLÄTZEN AUF.

KÄMPFEN SIE GEGEN EINEN ECHTEN ZIGEUNER!

HOHO!

HAHA!

IM KRIEG WURDE ER AN DIE OSTFRONT GESCHICKT, UM FÜR "SEIN LAND" ZU KÄMPFEN.

VERLETZT KEHRTE ER ZURÜCK, NUR UM KURZ DARAUF ALS UNERWÜNSCHTER "ZIGEUNER" IM KONZENTRATIONSLAGER NEUENGAMME INHAFTIERT ZU WERDEN.

DORT ERFUHR MAN VON SEINER VERGANGENHEIT UND ER WURDE, OBWOHL VÖLLIG ABGEMAGERT, ZUR GAUDI DER SS-MÄNNER ZU BOXKÄMPFEN GEZWUNGEN.

GEGEN EINEN DER VERHASSTEN AUFSEHER GEWANN ER SOGAR. DOCH DIESER RÄCHTE SICH BRUTAL AN IHM UND ERSCHLUG IHN HINTERRÜCKS..

DAS IST WIRKLICH SEHR BEWEGEND. ABER WISSEN SIE, SOLANGE JEMAND DIE GESCHICHTEN DIESER MENSCHEN WEITERERZÄHLT, SIND SIE NICHT VERGESSEN.

ALLES GUTE FÜR IHRE LESUNG. ICH WÜRDE GERNE DABEI SEIN, ABER ICH MUSS NOCH EIN PAAR FAHRTEN MACHEN VOR DEM FEIERABEND.

Bergmannstr

JOHANN TROLLMANN BOXCAMP

Ende

*There's a starman waiting in the sky*
*He'd like to come and meet us*
*But he thinks he'd blow our minds*
David Bowie, 1947 – 2016

Für ihre Mithilfe an diesem Buch gilt mein Dank:

*Nicole Schmitz*

*Michael Groenewald*

*Claudia Jerusalem-Groenewald*

zitty

*allen bei Carlsen*

*Lutz Göllner*

*Marco Schiffner*

*Johnny Häusler*

*Beate*

*Corinna Becker*

*Uli Oesterle für die Übersetzung ins Bayerische*

*in der* Bowie-Geschichte

*Michael Haas*

– Reinhard Kleist

Reinhard Kleist bei Carlsen

*Cash. I see a darkness* (2006)

*Havanna. Eine kubanische Reise* (2008)

*Castro* (2010)

*Der Boxer. Die wahre Geschichte des Hertzko Haft* (nach Alan Scott Haft, 2012)

*Berlinoir* (mit Tobias O. Meißner, 2013)

*Der Traum von Olympia. Die Geschichte von Samia Yusuf Omar* (2015)

*Berliner Mythen* (2016)

Reinhard Kleist bei Aladin

*1914. Ein Maler zieht in den Krieg* (Illustrationen, mit Reinhard Osteroth, 2014)

*Auf Kaperfahrt. Von Piraten, Stürmen und Klabautermännern* (Illustrationen, Hrsg. Nikolaus Hansen, 2015)

Weitere Comics von Reinhard Kleist

*Lovercraft* (mit Roland Hueve, Ehapa, 1994)

*Dorian* (mit Roland Hueve, Ehapa, 1996)

*Amerika* (Jochen Enterprises, 1998)

*Fucked* (Reprodukt, 2001)

*Steeplechase* (Reprodukt, 2001)

*Das Grauen im Gemäuer* (Edition 52, 2002)

*Elvis. Eine illustrierte Biografie* (mit Titus Ackermann u. a., Ehapa, 2007)

*The Secrets of Coney Island* (Edition 52, 2007)

① EISKELLER

SPANDAUER
FORST

SCHÖNWALDER
ALLEE

RADELANDSTR.

TEGELER
SEE

FLUGHAFEN TEGEL

VOLKSPA
REHBER

HEERSTR.

OLYMPIASTADION

HEERSTR.

FUNKTURM

KURFÜRSTEN-
DAMM

HAVEL

TEUFELSBERG

GRUNEWALD

⑤

KÖNIGS-
ALLEE

HAVELCHAUSSEE

AVUS

② ④

ONKEL-TOM-
STR.

CLAYALLEE

BOTANISCHER
GARTEN

⑥

WANNSEE

POTSDAMER CHAUSSEE

UNTER DEN EICHEN

N
W O
S

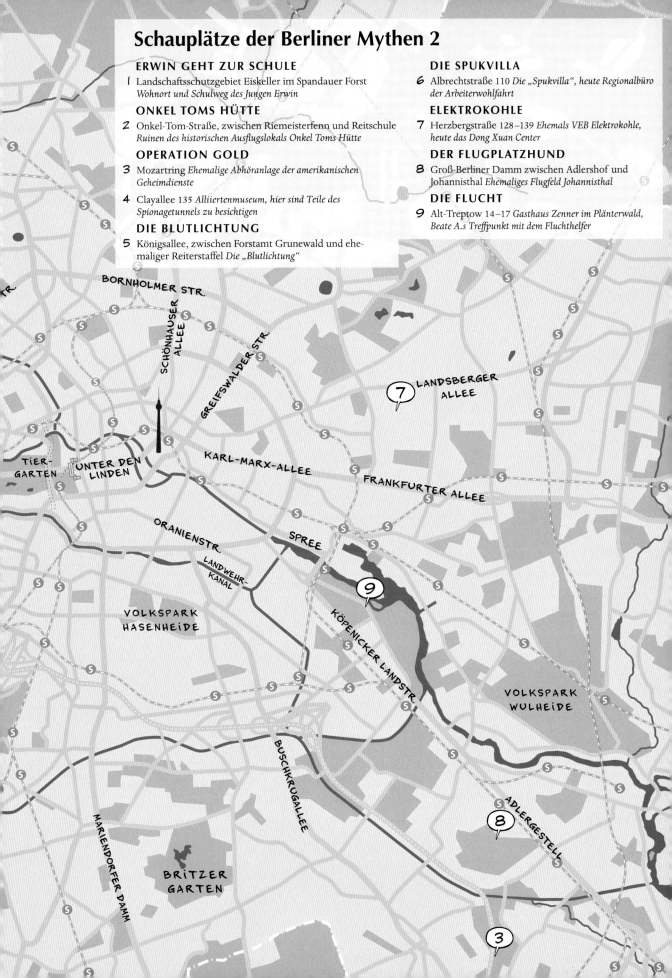

# Schauplätze der Berliner Mythen 2

### ERWIN GEHT ZUR SCHULE
1 Landschaftsschutzgebiet Eiskeller im Spandauer Forst *Wohnort und Schulweg des Jungen Erwin*

### ONKEL TOMS HÜTTE
2 Onkel-Tom-Straße, zwischen Riemeisterfenn und Reitschule *Ruinen des historischen Ausflugslokals Onkel Toms Hütte*

### OPERATION GOLD
3 Mozartring *Ehemalige Abhöranlage der amerikanischen Geheimdienste*

4 Clayallee 135 *Alliiertenmuseum, hier sind Teile des Spionagetunnels zu besichtigen*

### DIE BLUTLICHTUNG
5 Königsallee, zwischen Forstamt Grunewald und ehemaliger Reiterstaffel *Die „Blutlichtung"*

### DIE SPUKVILLA
6 Albrechtstraße 110 *Die „Spukvilla", heute Regionalbüro der Arbeiterwohlfahrt*

### ELEKTROKOHLE
7 Herzbergstraße 128–139 *Ehemals VEB Elektrokohle, heute das Dong Xuan Center*

### DER FLUGPLATZHUND
8 Groß-Berliner Damm zwischen Adlershof und Johannisthal *Ehemaliges Flugfeld Johannistal*

### DIE FLUCHT
9 Alt-Treptow 14–17 *Gasthaus Zenner im Plänterwald, Beate A.s Treffpunkt mit dem Fluchthelfer*

## Inhalt

Karte – Schauplätze im Berliner Stadtgebiet　　　2

Vorwort　　　6

**Der Fall Elisabeth Kusian** (Erstabdruck: *zitty* 4 / 2013 – 7 / 2013, für die Buchausgabe erweitert)　　　8

**Erwin geht zur Schule** (Erstabdruck: *zitty* 8 / 2013 – 11 / 2013)　　　16

**Onkel Toms Hütte** (Erstabdruck: *zitty* 12 / 2013 – 13 / 2013)　　　21

**Operation Gold** (Erstabdruck: *zitty* 21 / 2013 – 26 / 2013)　　　24

**Die Blutlichtung** (Erstabdruck: *zitty* 19 / 2013 – 20 / 2013)　　　31

**Die Spukvilla** (Erstabdruck: *zitty* 20 / 2014 – 24 / 2014)　　　34

**Der Schafskopf** (Erstabdruck: *zitty* 6 / 2015)　　　40

**Bowie in Berlin** (Erstabdruck: *zitty* 11 / 2014 – 14 / 2014)　　　42

**Elektrokohle** (Erstabdruck: *zitty* 7 / 2014 – 10 / 2014)　　　47

**Onkel Wackelflügel** (Erstabdruck: *zitty* 1 / 2014 – 5 / 2014)　　　52

**Der Hauptstadtflughafen** (Erstabdruck: *zitty* 6 / 2014)　　　58

**Der Flugplatzhund** (Erstabdruck: *zitty* 25 / 2014 – 1 / 2015)　　　60

**Das ganz große Ding** (Erstabdruck: *zitty* 15 / 2014 – 19 / 2014)　　　64

**Die Flucht** (Erstabdruck: *zitty* 14 / 2013 – 18 / 2013)　　　70

**Das bestickte Kissen** (Erstabdruck: *zitty* 2 / 2015 – 5 / 2015)　　　76

**Anastasia** (Erstabdruck: *zitty* 7 / 2015 – 11 / 2015)　　　81

**Rukeli** (Erstveröffentlichung)　　　87

Danksagung und Bibliografie　　　93

Karte – Schauplätze im Großraum Berlin　　　94